MARCOS ANTÔNIO GIG

CIÊNCIA e PESQUISA

Reflexões histórico-filosóficas sobre Conceitos, Práticas e Discussões

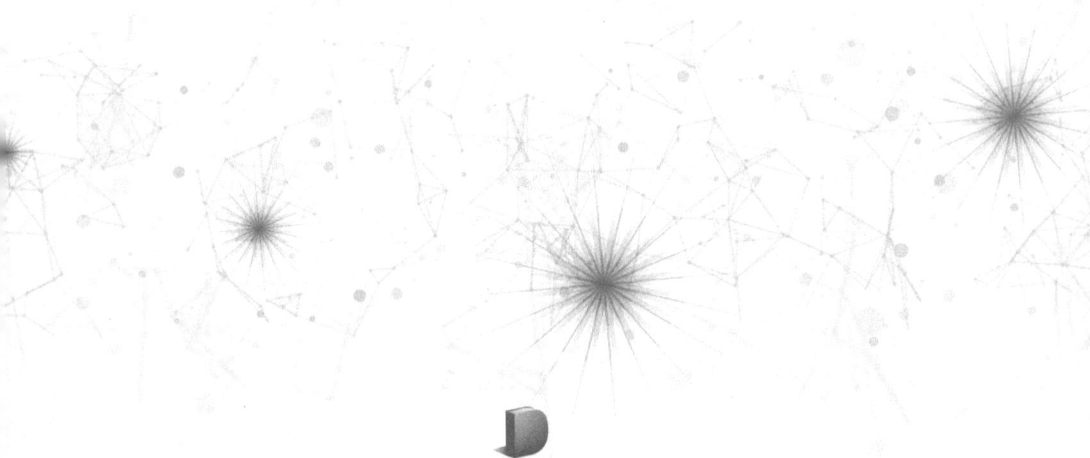

Diagrama
EDITORIAL
SÃO CARLOS/SP, 2020

© Marcos Antônio Gigante.

Projeto gráfico, revisão de texto e diagramação
Diagrama Editorial

Dados Internacionais de Catalogação na Publicação (CIP) de acordo com ISBD

G459c   Gigante, Marcos Antônio

       Ciência e pesquisa : reflexões histórico-filosóficas sobre conceitos, práticas e discussões / Marcos Antônio Gigante. - São Carlos, SP : Diagrama Editorial, 2020.
       102 p.

       Inclui bibliografia e índice.
       ISBN: 978-65-86512-04-5

       1. Ciência. 2. Pesquisa. 3. Filosofia. I. Título.

2020-1918   CDD 550
                                                     CDU 55

Elaborado por Vagner Rodolfo da Silva - CRB-8/9410

Índice para catálogo sistemático:
1. Ciência 550
2. Ciência 55

2020

Diagrama
E D I T O R I A L

Rua XV de Novembro, 2190, Centro
13560-240 - São Carlos, SP
Fone: 16 3413-9142
www.diagramaeditorial.com.br

Agradeço a Tarsila Curtu Miranda, que fez a primeira revisão deste texto. Agradeço também a Mauro Masili, com o qual, sendo historiador, pude conversar sobre física. Possíveis equívocos são de minha responsabilidade.

Este livro é para quem quer aprender sobre método científico e mergulhar no mundo da Ciência de forma reflexiva, não ingênua, crítica e autocrítica. Também é para quem já pratica a Ciência e gostaria de um interlúdio, uma suspensão temporária para um diálogo com outros praticantes. É um livro que não coloca barreiras entre diferentes Ciências, ao mesmo tempo em que chama a atenção para as circunscrições entre elas. É certamente, um balanço de um professor de História que, ao longo da carreira, mergulhou em outras Ciências e na Filosofia, para melhor formar seus estudantes de diferentes cursos, talvez futuros cientistas em um país onde grande parte da população, infelizmente, está à margem da formação científica, um país que ainda tem muito a avançar em Educação e Ciência. É também um livro paradidático. Difícil perder a mania de ser professor quando se é um. Por isso, eu o dedico aos estudantes e aos colegas professores que também lutam pela Educação e pelas Ciências.

Sumário

Introdução

em a natureza e nem a sociedade revelam diretamente suas "substâncias"[1] ao cientista, ao físico, ao biólogo, ao historiador, ao filósofo ou a qualquer outro "sujeito do conhecimento". Talvez a natureza ou mesmo a sociedade sequer tenham "substância". No máximo, respondem a perguntas, e de forma muito lacônica: sim, não, talvez (e o "talvez" é de matar uma tese!). Isso quando a pergunta é bem-feita e o método para evidenciar a resposta é bem construído e pensado. A esmagadora maioria das perguntas são só limites preconceituosos ou necessidades de apaziguar o próprio "espírito" órfão – que tantas vezes não admite a própria orfandade relativamente ao mundo, à natureza, a Deus ou a deuses etc. Em Descartes (1596-1650), por exemplo, a ideia inata é inequivocamente verdadeira porque Deus é sua caução! Resolveu o problema de maneira racionalista, não obstante tautológica, sem romper completamente com a "Ciência normal" de sua época: ali, Deus permanecia sempre no cume de qualquer explicação e, assim, resolvia-se a orfandade existencial.

Precisamos que o conhecimento nos diminua a orfandade, mas não só. O conhecimento precisa ser instrumental; precisa responder a fins práticos. Tantas vezes é direcionado a responder a imperativos econômicos e políticos! A Ciência moderna tornou-se funcional e relacional, justamente porque desistiu de aferir sobre "substâncias".

---

[1] Numa compreensão aristotélica, substância seria a categoria mais fundamental, pressuposto sem o qual nenhuma outra categoria poderia existir. É a essência mais fulcral que define cada ser.

O aspirante a cientista, os cientistas, os pesquisadores, tendem a procurar a Ciência mediante certas necessidades socioeconômicas, "espirituais", narcisistas até. Respondem a desejos, querem reconhecimento. Podem ou não ter encontrado certas respostas a perguntas existenciais; mas acreditam que a Ciência poderá lhes oferecer algo que não encontraram inteiramente em outro "tipo" ou "nível" de conhecimento. Talvez coloquem a Ciência num pedestal.

Neste livro, pretendo discutir Ciência, pesquisa e métodos, além de disponibilizar algumas de suas principais ferramentas. Seguindo um pouco além, busco disponibilizar um entendimento do potencial e das limitações da Ciência (e seus métodos) como ferramenta de construção do conhecimento e acesso à verdade. Desde logo é necessário romper com certas idealizações e ingenuidades que cercam e circunstanciam a Ciência.

As controvérsias, liames, limites, ideologias, e mesmo o comportamento de "comunidades científicas" tornam a tarefa científica algo que informa não meramente sobre Ciência, mas sobre relações, poder, política, desejos, mitos, posições, sonhos, instituições, práticas sociais e *status quo*. É preciso fazer Ciência sabendo em qual terreno se está pisando para não incorrer em idealizações do cientista como alguém acima de tudo e de todos, tal como aparece no mural do Massachusetts Institute of Technology: "[...] sereis como Deus, conhecendo o bem e o mal". Ao mesmo tempo, devemos nos sentir inspirados a produzir Ciência, quem sabe um próximo passo científico que seja libertador, que alivie "a miséria da existência humana". Na fala do personagem Galilei, na peça teatral "A vida de Galileu", de Bertolt Brecht, há a seguinte advertência: "Se os homens de ciência, atemorizados por déspotas, conformam-se somente com acumular saber pelo saber mesmo, corre-se o perigo de que a ciência seja mutilada e que vossas máquinas apenas signifiquem novas calamidades!" (BRECHT, 1956, p. 102[2]).

---

2   Tradução própria do espanhol para o português: "Si los hombres de ciencia, atemorizados por los déspotas, se conforman solamente con acumular saber por el saber mismo, se corre el peligro de que la ciencia sea mutilada y que vuestras máquinas sólo signifiquen nuevas calamidades." (BRECHT, 1956, p. 102).

1

Pesquisa e Ciência

Para pensar de maneira propositiva a pesquisa e a Ciência, façamos antes um pequeno mergulho na história da Ciência e da Filosofia, trazendo à baila tempos históricos, problemas científicos e filosóficos, e as delícias e dificuldades implicadas na "pescaria"[3] realizada por pesquisadores de carne e osso.

Na primeira metade do séc. XIII, diminuía a resistência relativa aos trabalhos antigos de Aristóteles (384-322 a.C.), sempre protelado perante outro filósofo grego, Platão (428-347 a.C.), cujo pensamento fora adaptado e recriado pelo cristianismo desde a patrística[4]. Essa perspec-

---

3   Empresto de Rubem Alves, filósofo e educador, essa imagem de que a pesquisa científica é uma espécie de pescaria. Refiro-me ao capítulo VI, "Pescadores e anzóis" (ALVES, 2012, p.103-122).

4   Filosofia dos primeiros padres da Igreja, os quais teriam fundido a Filosofia grega clássica e a doutrina cristã. Por ordem cronológica de nascimento: Justino Mártir (c.105-c.165), Clemente de Alexandria (c.150-c.215), Orígenes (c.185-254), Basílio (330-389), Gregório Nazianzeno (c.329-c.390), Gregório de Nissa (c.335-c.395), Pseudo-Dionísio (séc. VI; difícil precisar a data; apresentou-se como Dionísio, pretensamente um membro do Areópago – Conselho ateniense que se reunia nas Colinas de Ares, também chamadas de areópago, que funcionava como supremo tribunal e cuidava de assuntos cruciais como educação e

tiva filosófica considerava o mundo sensível platônico como o lugar do pecado, da fugacidade, da morte e da imperfeição, enquanto o mundo ideal ganhava os contornos da mente divina. A leitura aristotélica – atentando para o fato de que a essência das coisas está nelas mesmas, não no além, e que a fugacidade, ou mais precisamente, o movimento ocorre em virtude da potência que habita a essência – fazia o olhar se voltar ao mundo natural como algo que poderia revelar o Criador.

Por volta de 1225, um teólogo chamado Robert Grosseteste (1168-1253), animado com a leitura da obra recém-redescoberta de Aristóteles, escreveu o *Tratado de Luce* (Tratado sobre a Luz) no qual propôs que o universo concêntrico[5] teria começado como um flash de luz! A luz empurrou tudo a partir de um ponto mínimo e formou-se uma grande esfera. Não só isso. A luz e a matéria, na verdade, seriam atreladas, pois o universo teria parado de se expandir justamente quando a luz e a matéria atingiram uma densidade mínima necessária ao equilíbrio. Neste ponto, a esfera perfeita emitiu o lúmen, uma forma diferente de luz que se propagou para dentro e varreu a matéria "imperfeita", comprimindo-a. No processo, sobrava uma região menos densa de luz e matéria, que por sua vez atingiria o estado perfeito e se cristalizaria em nova esfera embutida na anterior. O processo se repetiria novamente, com novo lúmen sendo emitido até que somente um núcleo de matéria imperfeita restasse. Este último deu origem à Terra (INOVAÇÃO TECNOLÓGICA, Teólogo medieval..., 2014, on-line).

Ciência– convertido por Paulo no primeiro século da era cristã, mas que na verdade seria um teólogo bizantino bastante posterior; daí o "pseudo"). Máximo, o Confessor (580-662), João Damasceno (c.674-c.749). Não obstante, o maior representante da patrística é Santo Agostinho (354-430). Seu tratado filosófico: *Sobre a doutrina cristã* está entre os textos mais representativos da tradição.

5   Aristóteles tinha explicado o movimento das "estrelas" pensando a Terra no centro de uma série concêntrica de nove esferas. O movimento das estrelas era perfeito, pois era circular e uniforme (idêntico a si, eterno, imutável), com a Terra no centro, seguida concentricamente pelos movimentos circulares uniformes da Lua, Mercúrio, Vênus, Sol, Marte, Júpiter, Saturno e, finalmente, a esfera das demais estrelas. A Terra era o centro do universo. Tudo teria se dado a partir do primeiro movimento, promovido por uma causa incausada, um "primeiro motor" – Deus!

O que há com Grosseteste? Caminha para uma "lógica matemática". Hoje, pode-se achar muito natural tomar a lógica matemática como base de pesquisa, como base de uma Ciência depurada ou livre de noções metafísicas, mas ali ela era estranha ao aristotelismo. A lógica matemática só se desenvolveria no séc. XIX, a partir de G. Frege[6] e B. Russell[7], os quais aplicaram a linguagem algébrica à lógica formal. Ocorre que isso altera profundamente a lógica formal, pois insere raciocínios para além do aristotelismo e implica que a demonstração seja tão precisa e rigorosa quanto exigem os símbolos matemáticos.

Mas e no séc. XIII? Que intuição despropositada! Afinal, não poderia a lógica matemática ser o instrumento adequado para o estudo da natureza? É o que propôs Grosseteste em *De lineis, angulis et figuris* (As linhas, ângulos e formas). Primeiro, parta da experiência sensível dos fenômenos para encontrar suas causas. No processo de busca, construa hipóteses sobre os agentes causais e seus componentes com modelos matemáticos. Para finalizar, teste o modelo através da observação do fenômeno estudado e veja se é válido. O aristotelismo aumentou o interesse pelo mundo natural, mas esse mesmo interesse criou novas bases para que se superasse o aristotelismo, ou mais precisamente, a escolástica como um todo[8].

---

6   Gottlob Frege (alemão, 1848-1925) é considerado o criador da lógica matemática, assim como iniciador da Filosofia analítica. Importante estudioso, desenvolveu os chamados cálculo proposicional e o cálculo dos predicados, assuntos hoje em dia comuns no campo da Lógica.

7   Bertrand Russell (inglês, 1872-1970) era matemático e bastante envolvido com as causas políticas liberais, assim como com projetos educacionais. Na monumental obra "Principia Mathematica" (1910-1913), toma a matemática como desenvolvimento da Lógica.

8   A conciliação filosófica entre as doutrinas clássicas, especialmente o platonismo, e a Revelação Cristã (mensagem de Cristo documentada nas Sagradas Escrituras, os dogmas da fé cristã) teve início com a Patrística. A partir do séc. IX, esses ensinamentos passaram a ocorrer nas escolas eclesiásticas e nas universidades europeias; daí o termo *Escolástica*, do latim *scholasticus*, por sua vez derivado do grego σχολαστικισμός (escolástica), σχολαστικός (*scholastikos*, escolástico). Em grego, σχολάζειν (*scholazein*) significava "manter uma escola". Enfim, o termo *Escolástica* era sinônimo de "doutrina da escola". Surpreendentemente, o período áureo da Escolástica não foi o do neoplatonismo cristão de Santo Agostinho, mas o período posterior, cuja influência mais marcante foi a Filosofia aristotélica, a partir do

Alguns séculos depois – quando as obras de Nicolau Copérnico (1473-1543), que formulou uma teoria heliocêntrica, e de Tycho Brahe (1546-1601), que fez observações bem mais precisas que as anteriores sobre os movimentos dos astros, influíam em uma mudança radical na concepção de universo –, o aristotelismo apresentava sérios sintomas de insuficiência. Essa insuficiência não era devida apenas ao avanço de modelos matemáticos nas Ciências, mas resultava de tentativas de avanços filosóficos, espirituais e morais. Giordano Bruno, por exemplo, criticou Aristóteles ao mesmo tempo em que pretendia elevar a inteligência e fazer o homem atingir a realização da bem-aventurança!

> Oxalá, Senhor[9], os santos numes afastem para bem longe de mim todos aqueles que injustamente me odeiam. Que sempre me seja propício o meu Deus. Oxalá me sejam favoráveis todos os governantes do nosso mundo. Oxalá, os astros me tratem tal como a semente o faz ao campo e o campo à semente, de forma que apareça ao mundo algum fruto útil e glorioso do meu trabalho, por despertar o espírito e abrir o sentimento àqueles que estão privados de luz. (BRUNO, 1978, p. 3-4).

Percebemos o quanto Bruno se sentia ameaçado ao escrever tantas críticas à Ciência consagrada de sua época, que já passava por muitos questionamentos. Bruno não poderia concordar com os conceitos aristotélicos de vazio e de movimento. Aristóteles pensou o movimento como transporte entre lugares, de forma que o ato não pode ser infinito. Haveria tensão em virtude da potência que reside nas substâncias. A potência de movimento leva o ser, a coisa, na direção da finalidade de

---

séc. XII. Destaque para Santo Tomás de Aquino (1225-1274), que construiu a monumental arquitetônica filosófica aristotélico-cristã que se tornou sinônimo de escolástica.

9   Senhor Michel de Castelnau (c. 1520-1592) foi um soldado francês, diplomata, embaixador junto à Rainha Elizabeth, da Inglaterra, para quem Giordano Bruno escreveu a Epístola Preambular da obra "Sobre o infinito, o universo e os mundos". Quando Bruno deixou a França, em meio a um clima de perseguição, viajou para Londres, onde obteve a proteção do Senhor Michel de Castelnau.

estado ao qual a substância destina esse ser. Aristóteles chamava tal realização de ato. A potência em ato é a realização do devir do ser, da coisa. Uma semente é uma árvore em potencial; torna-se árvore quando sua tensão é efetivada em ato. O movimento só pode ocorrer de um lugar para outro. Depreende-se, portanto, que o infinito é uma impossibilidade.[10] Bruno, com efeito, procura demonstrar que Aristóteles se utiliza de um critério finito para pensar o infinito e por isso não o compreende. Para Bruno, o infinito está em toda parte. Por isso ele é imóvel, porque é pleno, "porque nenhuma aptidão é eterna sem ato e por isso tem eternamente o ato unido, ou melhor, ela própria é ato, dado que no eterno não são diferentes o ser e o poder ser" (BRUNO, 1978, p. 5).[11] Em outras palavras, o universo seria "infinito em ato" – o avançar constante do limite quando, por exemplo, andamos na direção do horizonte, sugere o infinito.

Bruno insiste: Deus seria um infinito-divino, senão não seria Deus. Como infinito-divino, Ele só pode ser "uno". Deus é infinito-divino, uno, "infinito-infinito", porque em Deus tudo está em ato. Em Deus, potência e ato coincidem, porque tudo que em Deus é possível passa à existência, porque se Ele é potência infinita, é ato infinito, e, portanto, produz uma infinidade de mundos!

A experimentação era crescentemente defendida filosoficamente, mas ainda não havia se ampliado tanto em termos práticos e efetivos. Primeiro, por paradoxal que pareça à primeira vista, a experimentação nascia de uma justificativa filosófica cuja coerência discursiva interna era muito mais cultivada que a efetividade das experimentações. Para poder olhar de outra forma, temos primeiro de legitimar para nós mesmos que olhar de outra forma é cabível e necessário. Revoltamo-nos contra o peso do reificado, da tradição. Vemos um limite ali. Essa legitimação é sempre fundamentalmente epistemológica (no sentido do

---

10 No livro III da obra *Física*, escrita entre 335 e 332 a.C., Aristóteles aborda o tema do movimento.

11 E mais adiante: "[...] é necessário afirmar o infinito, porque nenhuma coisa nos ocorre que não seja terminada por outra, e não temos experiência de nenhuma que seja terminada por si mesma." (BRUNO, 1978, p. 5).

questionamento das bases de possibilidade de construção do conhecimento científico), filosófica, moral, política e inclusive, institucional! Giordano Bruno está entre os grandes filósofos que viveram o desenvolvimento da experimentação, mas por um ângulo filosófico ainda intimamente atrelado ao logicamente deduzido, à coerência interna discursiva. Enquanto outros levaram adiante a experimentação que resultava na crítica ao geocentrismo, sem tanto alarde, justificá-la epistemologicamente (portanto, alardeá-la) afrontava a tradição e, para Giordano Bruno, que superava tanto o geocentrismo quanto o heliocentrismo (as estrelas seriam sóis semelhantes ao nosso), implicaria na sua condenação à fogueira da Santa Inquisição!

Sem as ferramentas e métodos mais recentes da Ciência, tanto Grosseteste quanto Bruno ofereceram modelos que guardam semelhanças surpreendentes com a cosmologia atual.

Na Universidade de Durham (Reino Unido), Tom McLeish e sua equipe traduziram matematicamente o texto latino de Grosseteste, o *Tratado De Luce*, num conjunto de equações as quais foram inseridas e resolvidas no computador. A solução desembocou em "esferas concêntricas que se propagam para dentro". Há semelhanças deste modelo com a chamada "radiação cósmica de fundo"[12] – eco do Big Bang[13] – e

---

12 "Radiação cósmica de fundo" é uma espécie de fóssil dos primeiros momentos do universo. É uma predição da teoria do Big Bang, pois a expansão do universo levaria ao resfriamento do plasma (constituído de bárions e elétrons), a ponto de ocorrer combinação entre os elétrons e os núcleos dos elementos leves, hidrogênio e hélio, que são os mais abundantes no universo, o que levaria à formação atômica (nucleossíntese) e à liberação dos fótons para suas viagens pelo espaço. Esses fótons chegam à Terra e oferecem evidências que reforçam a teoria do Big Bang. É uma radiação eletromagnética em micro-ondas.

13 "Big Bang", "Grande Explosão", é um modelo teórico que tenta explicar o início do universo a partir de um momento instantâneo em que houve liberação de uma colossal energia concentrada num "ponto" minúsculo. Há controvérsias acerca do termo "explosão". Seria um "anacronismo" naquele "momento". Mas é uma estratégia explicativa dos físicos para tornar o Big Bang inteligível aos não físicos. O espaço-tempo surgiria na liberação dessa energia, ou seja, na "explosão", na expansão seguida desde então. Haveria partículas, como quarks, elétrons, neutrinos, movendo-se próximas à velocidade da luz, porém permanecendo sem formar um núcleo atômico, algo que ocorreria bem depois da "explosão". Essa teoria foi inicialmente proposta por George Gamow (1904-1968) e pelo padre Georges Lemaître (1894-1966); este último a chamou de "hipótese do átomo primordial". Tornou-se a teoria mais

com a "inflação cósmica"[14]. Além disso, "o universo de Grosseteste prevê uma das possibilidades mais intrigantes da cosmologia do Big Bang: o multiverso" (INOVAÇÃO TECNOLÓGICA, Teólogo medieval..., 2014, on-line). A coincidência entre os modelos atuais e as explicações de Grosseteste ocorre contanto que se observe, por exemplo, que Grosseteste, limitado pelos pressupostos de sua época, não percebeu todas as possibilidades de seu modelo – parece não ter afirmado multiversos. Contanto também que os parâmetros assumam valores específicos,

---

aceita acerca do surgimento do universo, embora mantenha os cientistas presos à ideia de "origem" e "criação". O processo de criação do espaço-tempo como nós o conhecemos ocorreria com o Big Bang. No momento "anterior" (recurso linguístico esse "anterior", pois não temos uma palavra adequada para algo antes, se o antes só faz sentido quando há espaço-tempo), a densidade e a altíssima temperatura imprimiam uma colossal ação da gravidade sobre as partículas subatômicas e por isso não se expandiam, não realizavam nem o espaço nem o tempo que conhecemos. Uma espécie de jogo quântico deu o apito inicial e bang! Há muito que se desvendar: o "antes" do espaço-tempo é um problema científico seríssimo. Bem, o "depois" também é centro de controvérsias e embates. De qualquer forma, as teorias têm se desenvolvido sobremaneira e exploram os limites de nossa compreensão, de forma que a imaginação alimenta os métodos científicos, e os métodos científicos alimentam respostas racionais e cabíveis, as mais próximas possíveis da "verdade", as quais voltam a alimentar a imaginação, de maneira que a "pescaria" continua.

14 "Inflação cósmica" é uma referência ligada à teoria do Big Bang que descreve o instante imediato da incrível expansão exponencial do universo ocorrida há 14 bilhões de anos, quando o universo teria dobrado de tamanho 60 vezes em apenas 10^{-32} segundo (INOVAÇÃO TECNOLÓGICA, Detecção de ondas gravitacionais..., 2014, on-line). Foi proposta por Alan Guth em 1981, e passou por novos desenvolvimentos: Paul Steinhardt, que em 1981 propôs um "novo modelo inflacionário"; Andrei Linde, que em 1983 propôs o "modelo inflacionário caótico"; e Stephen Hawking, Alexei Starobinski, além de outros cosmólogos. Essa teoria goza de grande aceitação, embora ainda se tente prová-la. Suas revisões e desenvolvimentos se propõem a resolver problemas advindos da teoria do Big Bang. A inflação cósmica teria ocorrido acima da velocidade da luz, hipótese que resolve problemas da teoria do Big Bang, como os chamados problemas "do horizonte", "da planaridade" e "da abundância", pois as bordas opostas do universo não poderiam se comunicar, limitadas que estão à velocidade da luz (a máxima velocidade possível) – a própria idade do universo seria o tempo necessário para ir de uma "borda" a outra, impedindo sua comunicação e similitude. Sem a teoria do universo inflacionado, seria impossível o universo ser semelhante em todas as direções, e um dos "lados" ter a mesma aparência que o outro, que é o que ocorre. Sim, porque os efeitos quânticos tenderiam a amplificar os desvios, não a similitude, durante a posterior formação das galáxias devido à gravidade, não fosse o crescimento exponencial inicial acima da velocidade da luz – a inflação cósmica.

pois se a coesão da matéria fosse ligeiramente mais forte ou fraca, o universo seria de outra forma. Este "problema do ajuste fino"[15], referente à coesão da matéria, levou os cosmólogos recentes à predição de um número infinito de universos, pois todos os resultados seriam possíveis.

Ainda existem muitas propostas teóricas sem a devida comprovação mediante os limites da aplicabilidade de testes e o problema de como "pescar" a resposta da natureza. Foi com grande entusiasmo que se apresentou a comprovação das ondas gravitacionais, a ondulação no espaço-tempo, o que poderia auxiliar no encaixe de peças de um grande quebra-cabeça teórico: o Big-Bang, inflação cósmica, multiversos etc. Tudo seria mera teoria, não fosse a detecção das ondas gravitacionais que reforçariam a teoria do Big Bang. Através do radiotelescópio Bicep2 [16], John Kovac, Jamie Bock, Chao-Lin Kuo e outros pesquisadores teriam encontrado uma evidência direta da inflação cósmica. Os resultados seriam históricos, pois as ondulações do espaço-tempo teriam sido previstas por Albert Einstein (1879-1955) e ficariam confirmadas profundas conexões entre a relatividade geral einsteiniana e a atual mecânica quântica. Sendo a inflação cósmica um fenômeno quântico, ela teria de produzir ondas gravitacionais, tais como as demais forças naturais. Como foi feita a "pescaria"? Usando o radiotelescópio Bicep2, a partir da observação da "radiação cósmica de fundo", a equipe de pesquisadores "procurou um tipo especial de polarização chamada 'modos-B', que representa uma torção ou padrão 'enroscado' nas orienta-

---

15 "Problema do ajuste fino", ou da "sintonia fina", refere-se à necessidade de uma exatidão nas forças que mantêm coesa a matéria, de forma que uma variação mínima em tais forças resultaria em um universo bastante diferente deste que observamos (INOVAÇÃO TECNOLÓGICA, Teólogo medieval…, 2014, on-line). Esse problema anima cosmólogos que se filiam à necessária existência de Deus, o Projetor, o Designer, para que tal ocorresse – refiro-me aos defensores do Design Inteligente.

16 Bicep é a sigla de "Background Imaging of Cosmic Extragalactic Polarisation", que numa tradução cabível significa "Imageamento de Fundo da Polarização Cósmica Extragaláctica". Trata-se de uma série de experimentos que buscam medir a polarização da Radiação de Fundo de Micro-ondas. O Bicep2 é um radiotelescópio construído no polo sul, pertencente ao conjunto daqueles experimentos. Naquela região, há um ambiente climático e atmosférico propício para reproduzir na Terra condições próximas às de um observatório no espaço.

ções polarizadas da luz primordial", tal como explica Jamie Bock. Essas marcas só poderiam ter sido produzidas por "ondas gravitacionais que percorreram o espaço durante a inflação cósmica" (INOVAÇÃO TECNOLÓGICA, Detecção de ondas gravitacionais..., 2014, on-line).

Não muito tempo depois, a precipitadamente saudada "descoberta do século" foi contestada! Começaram a ser apontadas falhas na "pescaria", no método usado no Observatório BICEP2. A própria equipe de pesquisadores admitiu a possibilidade de a poeira cósmica de nossa própria galáxia ter sido detectada, e não aquelas ondas gravitacionais que reforçariam a teoria do Big Bang e que fortaleceriam a teoria de que houve um período de inflação cósmica! No mesmo anzol, o peixe errado. Os dados pareciam incialmente mostrar "a polarização de modos-B que seria causada pelas ondas gravitacionais primordiais". Agora, os mesmos pesquisadores "admitem que uma porção ainda incerta dela [da polarização] é produzida pela poeira disseminada pela galáxia". O estudo não perdeu sua importância. O próximo passo na pescaria é eliminar as "incertezas", precisar o anzol; daí a nova pergunta que se faz à natureza: "Qual o percentual da polarização de modos-B detectada pode ser atribuído à poeira cósmica?" (INOVAÇÃO TECNOLÓGICA, Descoberta..., 2014, on-line). Provavelmente, na sequência, a pergunta será outra...

De qualquer modo, as recentes descobertas acerca da existência de bilhões de galáxias reabilitaram a obra de Giordano Bruno. Que pesquisa ele realizou para chegar a conclusões tão contundentes, muito antes de tentarmos confirmar esses tantos "mundos" através de nossa Ciência atual? Bruno se referia a uma "luz natural" que guiaria sua Filosofia, mas acima de tudo teve intuições – na verdade, elas nunca devem abandonar um pesquisador![17]

---

[17] Intuição, do latim *intuitio*, "ato de contemplar". Intuição também remete à palavra latina *perspicuĭtās*: "transparência", "evidência". A intuição seria uma apreensão racional ainda não discursiva de um determinado fenômeno, que antecipa a lógica e a elaboração discursiva. Ela é sentimento de uma visão coincidente com o real, um contato imediato da mente com os segredos íntimos do real. Embora haja na história da Filosofia várias divergências quanto ao papel da intuição e como se daria sua relação com a razão, é possível relacioná-la com

Diante desses breves exemplos da história da Ciência e da Filosofia, pensemos o que é pesquisa, o que é Ciência, para além do que ficou subentendido no que foi dito até aqui.

A palavra *pesquisa* teria origem no castelhano e sua ocorrência em língua portuguesa remonta pelo menos ao séc. XVI[18]. Na língua grega temos a palavra αναζήτηση (*anazítisi*, busca, procura, pesquisa), cujo correspondente latino nos conduz ao verbo *quaerere* (procurar, inquirir, perguntar). Trata-se originalmente de uma busca através de investigação. Investigar é seguir vestígios, indagar, descobrir. No latim, a palavra *pesquisa* nos remete aos substantivos femininos *inquisitio, indagatio, scrutatio, perscrutatio, investigatio*, e ao verbo *investīgāre*. A pesquisa só é demandada porque as coisas não se revelariam tão facilmente para nós.

Nem tudo é uma "questão de pesquisa", se não se considerar que há algo que ainda não nos foi revelado neste ou naquele assunto. Uma pessoa cujas respostas lhe são imediatas, cujos resultados da "pesquisa" lhes estão dados de antemão, uma pessoa que se posiciona como proprietária de um conhecimento pronto, acabado, estático, engessado, não está pesquisando; está "arrombando porta aberta" ou meramente professando estaticamente uma doutrina. Isso não significa que o pes-

---

o "palpite", com o que comumente o cientista chama de "hipótese de pesquisa", ou ainda com certo culminar da razão que o cientista já absorveu no seu "espírito" por conta de seu contato com o "objeto", com o assunto abordado.

18 O léxico português recebeu inúmeros vocábulos de procedência arábica após longo período de dominação árabe na Península Ibérica. A segunda metade do séc. XV ficou marcada pela expansão do Império Português no além-mar, de forma que a língua portuguesa recebeu a partir de então um portentoso número de vocábulos de origem africana, asiática e ameríndia. Não menos importantes para o enriquecimento do vocabulário português foram os empréstimos do castelhano, do francês, italiano, inglês, de maneira mais direta, e do alemão, sueco, russo, húngaro, neerlandês, além de outros, de maneira menos direta. Os dois últimos séculos foram responsáveis pela inclusão de milhares de palavras no léxico português, mediante o desenvolvimento da linguagem científica internacional, bastante cunhada de vocábulos gregos e latinos. Notadamente, a data referida para a palavra *pesquisa* pode ser recuada, haja vista que infelizmente a "lexicografia histórica portuguesa ainda se encontra numa fase de lamentável atraso" (CUNHA, 2010, p. XVIII).

quisador não possa seguir doutrinas[19]. Na verdade, isso é comum, especialmente, nas Ciências humanas, o que não significa que nas outras Ciências também não o façam. Sempre há pressupostos, sempre! E os pressupostos não são colocados como "questão de pesquisa", exceto em momentos de "revolução científica". E aí é que está. Pode-se usar uma doutrina para fazer pesquisas, mas é necessário que a doutrina seja utilizada para se investigar algo cujas respostas não são tão imediatas.

---

19 "Doutrina" procede do latim *doctrina*, de *docēre*, que significa ensinar, instruir, e de *institutio*, que significa conjunto de princípios, instituição, disposição, ensino, formação. Trata-se de um "conjunto de princípios que servem de base a um sistema religioso, político ou filosófico" (CUNHA, 2010, p. 229). Na língua grega, encontramos a palavra δόγμα (dogma), que pode ser usada como sinônimo de doutrina, rito, crença ou preceito. Em princípio, seria um termo inadequado às Ciências "exatas", biológicas, Ciências da saúde, portanto, porque essas pretendem se desvencilhar das doutrinas e de seus conteúdos "ideológicos" (grosso modo, ideologia refere-se a um processo de racionalização de interesses de um grupo ou classe a partir de sua relação antagônica com outro grupo ou classe, em uma situação de conflito social) a bem do método e exatidão científica; estes devem ser imparciais, livres de subjetividade, dogmas, doutrinas, ideologias, gostos. Com efeito, por se tratar de um conjunto sistemático que reúne concepções teóricas que são ensinadas como verdadeiras, com autoridade científica (portanto com o "poder político" da Ciência), quando aprofundamos o debate epistemológico das Ciências, começamos a perceber pressupostos profundos que referem sim conteúdos que podem ser caracterizados como doutrinários, teóricos, ideológicos e metafísicos até, mesmo naqueles casos de "exatidão científica" – embora seja inegável que existem diferenças fundamentais entre as Ciências exatas e naturais e as Ciências humanas e sociais. Imry Lakatos, por exemplo, defendia que a Ciência seria um conjunto de teorias possuidoras de uma estrutura composta por "cintos de proteção" – postulados metafísicos que as protegeriam da refutação (MATALLO JR., 1989, p. 57-58); Cf. LAKATOS, 1979, passim. Ora, se não é o caso de detectarmos e, com gravidade, admitirmos que a prática social seja o que fundamenta a exteriorização dos projetos científicos (nas Ciências "exatas" também) e, notadamente, seja o que fundamenta o próprio universo cognitivo, que podemos caracterizar como "ideológico": "Não é por estarem os cálculos no papel que a ponte é construída, mas porque se devem a um corpo de engenheiros que tem a autoridade das classes capitalistas e com ela comanda a obra. A prática dos trabalhadores nessa construção decorre da prática capitalista de decisão e de organização. Enquanto fundamentados numa dada ideologia, os cálculos matemáticos são uma expressão ideológica. E a ponte constitui então, na forma que a caracterizar, a materialização da ideologia implícita nos cálculos. Fosse outro o sistema matemático usado e, portanto, outra a ideologia a inspirar os cálculos, seria outra a forma da ponte enquanto expressão ideológica. Mais larga ou estreita, de um ou outro material, com qualquer perfil, uma ponte responde às necessidades práticas específicas que determinam a sua construção; e na forma assumida materializa a ideologia em que tal prática se exprime." (BERNARDO, 1991, p. 39-40).

É necessário aprender a conceituar, mais do que aprender o significado dos conceitos. Desta feita, uma doutrina para o pesquisador é um ponto de contato entre o teórico, a "doutrina", e o empírico[20], o fenômeno[21], o "objeto"[22] delimitado, o assunto que estuda. É uma teoria em movimento que se valida crescentemente, quando continua a dar conta dos fenômenos, ou se invalida, na medida em que não dá conta dos fenômenos que precisam ser compreendidos, mas que nunca se revelam numa "natureza última", nunca se revelam de forma definitiva, a ponto de não termos certeza se há uma "natureza última" ou "forma definitiva" – embora nosso intelecto peça de nós justamente isso. Não é por acaso que a metafísica[23] sempre espreita a Ciência: haveria propósitos do ser (o absoluto, o fundamento último, Deus, sentido último) por trás das aparências?

---

20 "Empírico" deriva do grego εμπειρικός (*empeirikíç*, *empeirikós*), que significa experimental, tal como a palavra εμπειρία (*empeiría*) significa experiência – aquilo que é diretamente percebido pelos sentidos. Refere-se à experiência sensível em nível "bruto", anterior à elaboração racional, ao estudo.

21 "Fenômeno" deriva do grego φαινόμενο (*phainómenon*), que filosoficamente significa "aparência", haja vista que seu étimo está relacionado ao verbo φαίνομαι (aparecer, surgir). "*Phen(o)*" é elemento de composição grego que significa "brilhante". Num primeiro sentido, é "tudo que é percebido pelos sentidos ou pela consciência" (CUNHA, 2010, p. 289). Num segundo sentido, é sinônimo de maravilha, raridade. O primeiro sentido especialmente é aquele sobre o qual se debruçam a Filosofia, as Ciências. Mas o quanto "aparece" para ser percebido ou pensado? O quanto se pode confiar nessa "aparência"? Desde seu surgimento na Filosofia grega, o termo é ambíguo. O fenômeno é o que aparece, mas ora há um brilho nele, suficiente para que seja compreendido; ora ele meramente "parece", ou seja, é pouco confiável. O estudo dos fenômenos é algo tão compósito da história da Filosofia e das Ciências que rastreá-lo nos remete a ela, a como o próprio conhecimento se desenvolveu historicamente. A natureza, ou mesmo a sociedade, não se nos revela facilmente. Então, o fenômeno, aquilo que se nos apresenta, aparece ao mesmo tempo em que se esconde. É por isso que a Ciência é sempre um esforço, uma "pescaria".

22 "Objeto" deriva do latim *objectus*, que é particípio de *objicere*, que significa pôr, expor, lançar diante. No latim *Objectus* é particípio de *obijicio*, que significa posto diante, oposto, objetado ou acusado. Do latim escolástico temos *objectum*, "coisa, matéria, objetivo" (CUNHA, 2010, p. 455). Seria uma realidade material externa, oposta ao sujeito – o ser capaz de conhecimento –, posta para ser conhecida, apreensível pela percepção do sujeito, pelo pensamento. O objeto se estende a tudo que pode ser pensado ou representado pelo ato de pensamento. Portanto, o objeto também pode ser abstrato.

23 Adiante haverá uma nota explicativa que se deterá sobre o que seria a metafísica.

Ora, isso não é assunto para a Ciência! É para a metafísica, para a Filosofia, para a teologia. E um cientista não deve misturar as coisas. Crescentemente, a Ciência moderna se deu conta de quais perguntas podemos extrair respostas científicas e de quais não podemos. Crescentemente, o cientista percebeu que é uma espécie de pescador. Mas mesmo se supormos, por um momento, que a Ciência fez uma espécie de pescaria final – o conhecimento pleno do mais mínimo detalhe do universo, da natureza, da sociedade (para incluir as Ciências humanas, sociais), ainda assim restariam perguntas do tipo: "Mas por que é assim e não assado? Qual o significado, o propósito do existir?" Ou seja, ao cientista não cabem tais perguntas. No máximo, cabem apostas: é por acaso, sem propósito, ou há uma inteligência por trás de tudo. Em outras palavras, o cientista sofreu uma enorme frustração, pois o que de fato queria era responder àquilo que não pode responder cientificamente senão apostando, acreditando[24]. Ele não pode ser outra coisa senão um pescador.

Mas, agora, a coisa complica de vez, pois o fato é que a Ciência se faz de maneira influenciada por questões filosóficas, metafísicas, até religiosas. Há pressupostos na pescaria! A história do conhecimento científico mostra isso o tempo todo. Tais pressupostos são paradigmas, e neles há conteúdos metafísicos não raras vezes, mesmo na Ciência atual. Embora seja um velho sonho dos cientistas (em especial nas Ciências "exatas" e da natureza), o de se afastarem por completo de

---

24 Isso não significa que não existam cientistas que querem provar cientificamente que Deus não existe, que a vida é fruto do acaso, que não há um sentido absoluto na existência e demais questões que aqui tratei como "irrespondíveis" do ponto de vista científico. Nessa esteira caminham importantes cientistas e mesmo filósofos, como Sam Harris (filósofo e neurocientista), Richard Dawkins (biólogo evolutivo) e Stephen Hawking (físico teórico). De qualquer modo, o que pretendo mostrar não é que Deus existe ou algo do gênero, mas algo bem mais singelo: a Ciência é polêmica e nada disso é um ponto pacífico mesmo entre cientistas. É razoável nos indagarmos sobre os limites do conhecimento científico, sobre os limites de nossas pescarias, nossos métodos, assim como sobre os limites da razão pura. Também é razoável que essas lacunas não nos levem precipitadamente a tomá-las como prova cabal do transcendente. Afinal, falta de provas não prova coisa alguma senão que não temos elementos suficientes. Pois é. Terrível orfandade, grande estímulo para a crença.

qualquer metafísica ou princípio filosófico, é irredutível certa distância entre a linguagem e o que quer que pretendamos compreender. Nessa distância irredutível – que insistimos em reduzir – é que se instauram certas lógicas, epistemes[25], paradigmas[26], pressupostos, dos quais muitas vezes não nos damos conta, e é neles que residem nossa "metafísica", nossa "Filosofia", nosso "repouso de pensamento", nossas convenções, nosso universo cognitivo, nossos preconceitos, e nossos "pontos cegos" e equívocos.

A escolha do orientador da pesquisa por parte do iniciante está recheada desses elementos. Nas universidades, a figura do orientador se apresenta como aquele que pode auxiliar o pesquisador na definição do "problema de pesquisa", por conta de seu repertório teórico, de sua experiência de pesquisa, de suas posições, de seu conhecimento acerca do assunto e das controvérsias implicadas, sabedor que é dos pontos que ainda requerem investigação. É bastante comum que o pesquisador iniciante busque um orientador com o qual se identifique em termos de temas, ideias, posições.

Um símbolo bastante usado quando falamos em pesquisa e investigação, é a lupa, a mesma que amplia não apenas o objeto mirado, mas

---

25 Conceito explicado na sequência.

26 *Paradigma* deriva do grego παράδειγμα, *paradeigma*, que significa *exemplo*, padrão que deve ser seguido. As "formas", as "ideias", tais como as pensavam Platão e Sócrates, eram *paradigmas*, exemplos, modelos perfeitos, universais e eternos, que congregavam em si todas as suas possíveis realizações no mundo sensível. Platão desenvolveu as noções de paradigma e participação, para tentar compreender a relação entre o exemplo e a cópia, o universal e o particular, o modelo e o que *participa* do mesmo modelo. No diálogo "Parmênides", Platão procurou resolver alguns impasses relativos a essa relação entre paradigma e participação. Basicamente, as objeções de Parmênides a Sócrates, neste diálogo escrito por Platão, residem no fato de que as naturezas dos mundos das ideias e do sensível são radicalmente distintas, de forma que a *participação* não seria uma definição satisfatória daquela relação. O termo *paradigma* ganhará novamente bastante atenção a partir da obra "A estrutura das revoluções científicas", do filósofo da Ciência e físico Thomas Kuhn (1922-1996), pensado então como modelo tradicional coerente e específico da pesquisa científica, compartilhado por comunidades científicas. Quando o paradigma dá sinais de esgotamento, entra em crise e estaríamos num momento de transformação das teorias científicas; uma "revolução científica". Adiante será tratada tal questão.

o olho do detetive. O olho é quase que universalmente tomado como símbolo de percepção intelectual – o olho físico recebe a luz.

A luz é sinônimo de sabedoria. O Senhor Shiva possui o terceiro olho, é frontal, tudo vê, vence as aparências e a ignorância. O olho do coração vê a luz espiritual. O xamã esquimó é designado como "aquele que tem olhos". A essência e o conhecimento divino são representados com um olho único e sem pálpebras, insculpido num triângulo, no símbolo cristão e maçônico, enquanto que nos sarcófagos egípcios, dois olhos desenhados permitiriam ao morto a observação do espetáculo do mundo exterior. A *epistemé*[27] grega era o saber constituído com os "olhos do espírito".

Diante do mundo fugaz que atrapalha o trânsito da verdade, para ir além das aparências e captar o inobservável que dá sentido ao observável, Platão propunha a Teoria das Formas: a coisa original está fora

---

27 *Epistemé* (*epistēmē*) é um termo grego, ἐπιστήμη, que significa Ciência. Opunha-se concomitantemente à *doxa* (opinião) e à *techné* (habilidade, arte). Michel Foucault (1926-1984) reintroduziu o termo na Filosofia, imprimindo-lhe um sentido novo (Cf. FOUCAULT, 2002; nesta obra o fez de forma "metodológica", explicando-o; em obras anteriores, aplicava-o). Sinteticamente, Foucault aplicou o termo episteme como "espaço" historicamente situado, onde reside o conjunto de enunciados sobre os territórios empíricos, a ponto de constituírem "objetos" de conhecimento. Trata-se de uma "episteme", porque carrega um conjunto de regras do conhecimento positivo que organizam os enunciados. Tais regras são passíveis de um "estudo arqueológico", que descreve os discursos que formam unidades: medicina, biologia, economia política etc. Essas unidades seriam interdependentes, regradas, anônimas e sem sujeito, apesar dos que se pretendem "autores". Entre outras questões, os enunciados caracterizam-se por poderem ser repetidos em condições estritas: "Essa materialidade repetível que caracteriza a função enunciativa faz aparecer o enunciado como um objeto específico e paradoxal, mas também como um objeto entre os que os homens produzem, manipulam, utilizam, transformam, trocam, combinam, decompõem e recompõem, eventualmente destroem. Ao invés de ser uma coisa dita de forma definitiva – e perdida no passado como a decisão de uma batalha, uma catástrofe geológica ou a morte de um rei – o enunciado, ao mesmo tempo em que surge em sua materialidade, aparece com um *status*, entra em redes, se coloca em campos de utilização, se oferece a transferências e a modificações possíveis, se integra em operações e em estratégias onde sua identidade se mantém ou se apaga. Assim, o enunciado circula, serve, se esquiva, permite ou impede a realização de um desejo, é dócil ou rebelde a interesses, entra na ordem das contestações e das lutas, torna-se tema de apropriação ou de rivalidade" (FOUCAULT, 2002, p. 121, grifo do autor). Enfim, a palavra "episteme" tornou-se filiada à Filosofia foucaultiana.

da caverna (nosso mundo sensível e mutante, onde só vemos as cópias projetadas), ela habita o mundo das ideias. Ela é ideia e só pode ser vista pelos olhos do espírito. A ideia de uma coisa é sempre mais perfeita que a própria coisa, pois enquanto a ideia é universal e congrega a coisa em todas as suas manifestações empíricas possíveis, uma vez "realizada", a coisa se torna particular e só congrega a si mesma.

Uma vez apresentados os conceitos de pesquisa e Ciência, arrazoadas suas primeiras implicações, seus potenciais limites epistemológicos e circunstâncias históricas, pensemos em termos mais práticos em como lidar com tudo que foi colocado até aqui.

Uma pesquisa deve ser delimitada. O mais indesejável numa pesquisa é um falar genérico sobre inúmeras coisas, sem foco algum. Se falar sobre poucas coisas, detalhadamente, já implica dificuldades epistemológicas, limites científicos, circunstâncias ideológicas etc., imagine querer resolver todos os problemas do mundo numa pesquisa só! Imaginemos que se queira pesquisar o amor, a falta de solidariedade humana na história, a natureza humana, o universo etc. São enciclopédicos, amplos demais para que seja possível estabelecer um conjunto de objetivos, um foco, métodos e fontes, recursos e tempo para realizar a pesquisa, tornando-a inviável, irrealizável. Mas não precisa jogar tudo fora. A primeira aproximação pode justamente vir dessa generalidade. Até aí tudo bem, desde que se afunile o que precisar ser pesquisado. Essa generalidade deve vir da identificação do pesquisador com um conjunto de questões que o incomoda. E é esta a primeira coisa na qual se deve pensar: o que eu gostaria de saber com mais profundidade? Qual assunto chama minha atenção? Então aquela generalidade é válida: o amor me interessa! Incomoda-me o como as pessoas são pouco solidárias (ao menos enquanto percebo as coisas dessa forma). Como o ser humano é naturalmente? Qual sua natureza? Qual o segredo íntimo do universo? Mas nada disso pode se tornar uma pesquisa viável, sem antes passar por um processo de delimitação. Precisamos pensar se é possível responder cientificamente (ou filosoficamente, dependendo do caso) às perguntas que pretendemos fazer sobre nosso "objeto".

Se nos colocarmos como donos de uma verdade que queremos apenas confirmar, não iremos nos debruçar devidamente sobre os dados, para podermos dialogar com eles e extrair alguma evidência do que quer que seja. Nesse caso, não temos um problema de pesquisa. Tanto aquela generalidade enciclopédica quanto o "arrombar porta aberta" denunciam uma falta de delimitação da pesquisa. Sem essa delimitação, fica inviável um tratamento sério e profundo de qualquer assunto.

Imaginemos, por exemplo, que se vá desenvolver uma monografia na área de administração. Nessa área, devo observar pelo que me interesso. Interesso-me por "recursos humanos". Eis-me um universo todo de referência. Mas não basta. Devo delimitá-lo. Na área de recursos humanos, o que quero ou devo estudar? Seleção de pessoal, formação, alocação, perfis psicológicos etc. Interesso-me pela formação. Então, delimito da seguinte forma, já pensando no título do trabalho: "A formação de recursos humanos". Pronto? Não. Onde? Quando? Posso (devo) delimitar bem mais. E agora também devo pensar em método e fontes (assunto posterior), para saber se é factível a pesquisa. Consigo dados suficientes para estudar o assunto no país todo, no estado, em uma cidade; um setor produtivo ou uma empresa específica? Isso vai depender das fontes, do tempo disponível, etc. O orientador deverá ajudar no processo. O resultado pode ser este, incluindo delimitação temporal: "A formação de recursos humanos na Empresa X (2010-2020)". Bem, agora temos um problema de pesquisa e a possibilidade de realizar um trabalho com profundidade.[28]

---

28 Cf. os exemplos ilustrativos de delimitação de pesquisa elencados em: TACHIZAWA, MENDES, 2003, p.36-42. Reproduzo alguns aqui. Atente para a forma particular como esses autores aplicam os conceitos de sujeito ("universo de referência") e objeto (o que saber do sujeito ou o que fazer em relação a ele): sendo o sujeito a pequena e média empresa, o objeto, a análise contábil financeira e a avaliação de projetos, delimitam-se os dois e se apresenta a delimitação no título: "*Análise contábil financeira e avaliação de projetos na pequena e média empresa: experiências e sugestões*". Sendo o sujeito os produtos de agronegócios, o objeto, a política, delimitam-se os dois e se apresenta a delimitação no título: "*A consistência da política de produtos de agronegócios: o caso do mercado de soja*". Cf. os resumos de congressos científicos. Atente para os títulos das pesquisas e avalie se estariam bem delimitadas. É um bom exercício para compreender o fazer científico. Repare também certas in-

O problema de pesquisa se constitui, portanto, em uma pergunta, afirmação, inquietação, ou perplexidade diante de um tema maior, frente a algum aspecto do conhecimento produzido ou a ser produzido. O problema de pesquisa é essencial, pois nos leva à delimitação de um objetivo, leva-nos à formulação de perguntas, de hipóteses. Essa hipótese também é fundamental para uma pesquisa; embora represente uma proposição provisória, leva o pesquisador ao teste, a respostas condicionais diante do problema, leva o pesquisador a busca de uma explicação do fenômeno, a relacionar variáveis, testar teorias, mergulhar no campo empírico, explorar as fontes de evidência, deparar-se com a complexidade e o encanto do fazer científico. Enfim, o problema de pesquisa e as hipóteses levam o pescador à pescaria.

A profundidade do trabalho variará segundo o grau de formação do pesquisador: monografia (graduação), dissertação (mestrado) e tese (doutorado). Esses são os mais comuns. Deparamo-nos também com o termo TCC (Trabalho de Conclusão de Curso), geralmente usado quando há variedade de possibilidades exigidas em termos de experiência científica e/ou profissional ao final de um curso de graduação ou especialização (mestrado *lato sensu*): monografia, projeto de pesquisa, painel, artigo, croqui, maqueta, catálogo, inventário, calendário de eventos, proposta de aberturas de empresas, etc., individuais ou coletivas, conforme a área e o curso.

---

tencionalidades. As pesquisas referidas nesta nota, por exemplo, demonstram preocupação com o mundo administrativo-empresarial. O "objeto" seria deslocado para outras direções se a preocupação, as posições e as referências fossem outras. Para ser didático, imaginemos, por exemplo, sem nenhum demérito, um marxista olhando para aqueles sujeitos (no uso feito por TACHIZAWA e MENDES, 2003, "universos de referência"). Bem poderiam ser essas as delimitações e títulos: "*Pequena e média empresa: contabilidade e novos projetos para a reestruturação capitalista – as novas modalidades da exploração dos trabalhadores*"; "*Os produtos do agronegócio: a soja e os limites à política de reforma agrária*". Nas Ciências sociais e humanas ficam mais evidentes as posições; isso não significa que nas Ciências "exatas" e "biológicas" processos do gênero não ocorram. Devo ainda observar, para a tristeza de alguns pretensiosos descabidos, cuja pretensa "imparcialidade" é recheada de pontos cegos, que em geral pesquisadores não apreciam a autocrítica e a autoavaliação, as quais poderiam levá-los a mais completa (possível) consciência de qual é seu ponto de observação e pescaria (no sentido que tenho usado até aqui).

A monografia, comumente exigida no nível de graduação, é, como sugere o étimo *mono*, a escrita sobre um assunto só. Ou seja, um tema bem recortado, bem delimitado. Eis algumas possibilidades de recorte:

- *Recorte dentro de uma obra determinada ou da obra toda de um autor ou de uma "escola" de pensamento.* Exemplos: "O conceito de democracia na obra 'Cadernos do cárcere', de Gramsci"; "O conceito de democracia em Gramsci"; "O conceito de democracia no marxismo".[29]

- *Problema pode não ser novo.* Na monografia, o tema não precisa ser abordado de forma extensiva, mas sim de forma rigorosa e que *acrescente algo de interessante, profícuo.* No exemplo acima, temos um conceito espinhoso para o marxismo, especialmente porque boa parte dos países ocidentais caminhou na direção de uma democracia representativa, em grande medida desprezada por revolucionários. Não é um tema central, nem em Gramsci, nem no marxismo; portanto, é algo que pode ser explorado de maneira mais específica, tendendo a enriquecer o debate tanto no interior do próprio marxismo quanto em relação aos seus críticos.

- Deve levar o pesquisador a uma *experiência científica e profissional em sua área de formação.* Nos exemplos, a abordagem vai variar conforme o estudante está a se graduar: em História, Ciências Sociais, Direito, Filosofia etc. Diferentes repertórios teóricos e metodológicos, segundo cada área, servirão de respaldo à pesquisa, dando a ela certas especificidades.

- *Recorte de um fenômeno unitário.* Aqui se trata de um caso específico, examinado em profundidade. Às vezes é denominado *estudo de caso* – "uma modalidade monográfica formalmente simplificada, mas na qual é exigido o mesmo rigor na pesquisa" (MEZZAROBA, 2008, p. 121). Exemplo: "A Revolta do Quebra-Quilos".

---

29 Trata-se apenas de um conjunto de exemplos. Qualquer semelhança com alguma monografia, TCC, artigo, livro, etc., já produzido sobre o tema será mera coincidência. Preocupei-me apenas em ser didático neste ponto.

- *Recorte de um fenômeno físico, natural etc.* Exemplos: magnetismo, ótica de cristais líquidos, reações fotonucleares e fissão.

Enfim, a monografia se destina ao cumprimento de uma obrigação acadêmica e tem caráter de iniciação científica. O trabalho monográfico deve ser recortado, "delimitado, estruturado e desenvolvido em torno de um único tema ou problema" (TACHIZAWA, MENDES, 2003, p. 16). Cada área científica, cada Ciência terá suas especificidades na hora de "recortar", "delimitar" uma pesquisa. É um exercício bastante difícil, embora possível, falar da "Ciência em geral", e ao mesmo tempo respeitar inúmeras particularidades. É aconselhável ao estudante que fará a monografia, saber que tipo de pesquisa ele poderá desenvolver na instituição de ensino na qual pretende entrar ou já entrou. Não é difícil encontrar tais informações, geralmente disponibilizadas nos sites das universidades. Também é comum o aluno só decidir o que irá pesquisar depois de iniciado o curso, depois de ter contato com diversos assuntos e subáreas científicas. Mas, em algum momento, terá de se informar sobre as linhas de pesquisa e as possibilidades que a universidade lhe oferece.

O próximo passo acadêmico é a **dissertação**. Tudo que foi falado sobre monografia ainda faz sentido no caso da dissertação, considerando que esta última é um próximo passo. Segundo a NBR 14.724/2011, definida pela ABNT (Associação Brasileira de Normas Técnicas)[30], dissertação é um

---

30 A Associação Brasileira de Normas Técnicas (ABNT) é uma associação civil sem fins lucrativos considerada de utilidade pública, que elabora normas técnicas e fomenta o uso dessas normas no campo técnico-científico e nos campos industrial, comercial e agrícola. Apoia-se em experiência técnica e trabalhos de laboratório. Difunde as normas e representa o Brasil em entidades internacionais correlatas. É extremamente importante que o orientando de pesquisa leia essas normatizações, as chamadas NBR, que estejam em uso durante o período em que realiza a pesquisa: ali encontrará normas de apresentação do trabalho científico, como fazer as citações das obras utilizadas, tabelas, gráficos, figuras etc. Ao menos segundo minha experiência de orientação, é comum o estudante deixar isso para depois, crendo que será fácil adaptar o que fez às normas. Engana-se. Em sentido metafórico, é melhor conhecer as regras do jogo antes de iniciá-lo. Em geral, as normas coincidem

[...] documento que apresenta o resultado de um trabalho experimental ou exposição de um estudo científico retrospectivo, de tema único e bem delimitado em sua extensão, com o objetivo de reunir, analisar e interpretar informações. Deve evidenciar o conhecimento de literatura existente sobre o assunto e a capacidade de sistematização do candidato. É feito sob a coordenação de um orientador (doutor), visando a obtenção do título de mestre (ASSOCIAÇÃO..., 2011, p. 2).

A dissertação é o trabalho escrito derradeiro da pós-graduação, no nível de mestrado *stricto sensu*. Deve ser examinada por uma banca composta por três professores doutores (um orientador e dois arguidores). Neste nível, não há ainda a obrigação de ser original, mas deve-se contribuir com o debate acerca do tema abordado. Com efeito, a abordagem deve apontar para alguma inovação, a ser confirmada no nível seguinte, o de doutorado. Ou seja, ainda que não seja necessária a originalidade, deve-se apontar para ela durante o mestrado. As conexões, raciocínios, conhecimento da literatura referente ao tema, conhecimento conceitual, abordagens e métodos devem ser consideravelmente ampliados comparativamente à monografia. Aqui o estudante-pesquisador demonstra domínio pleno do assunto.

É necessário reunir muitas e muitas citações, mas não basta trazê-las à baila. Tem de haver reflexão pessoal em um nível superior ao da monografia, em que essa reflexão também deve ocorrer. É um treinamento de formação do cientista. Por isso o pesquisador deve mergulhar na Ciência, no método científico. Deve aprender a pescar! Como a quantidade de assuntos é muito ampla, no caso das dissertações e teses, não se estabelecem tipologias (estudos de caso, revisão bibliográfica, inventário etc.), como na monografia. É comum que o estudante que esteja neste nível de pesquisa comece a vislumbrar muitas possibilidades e a ter certo orgulho do que está fazendo. Mas também é comum que nos

---

bastante com o fazer científico, de maneira que conhecê-las ajudará o pesquisador em sua tarefa.

"rituais de passagem", nas bancas, os pesquisadores mais experientes, cientes de que ainda há muito que fazer, cobrem do "iniciante" paciência e humildade.

Enfim, a **tese** é o

> [...] documento que apresenta o resultado de um trabalho experimental ou exposição de um estudo científico de tema único e bem delimitado. Deve ser elaborado com base em investigação original, constituindo-se em real contribuição para a especialidade em questão. É feito sob a coordenação de um orientador (doutor) e visa a obtenção do título de doutor, ou similar (ASSOCIAÇÃO..., 2011, p. 4).

Aqui salta aos olhos a importância da originalidade. A tese é um estudo complexo, profundo, que deve demonstrar o amadurecimento do pesquisador/pescador. Mas como atingir essa profundidade e originalidade sem conhecer outras línguas? Precisa acessar bibliografia estrangeira sobre o tema. É por isso que neste nível é necessário comprovar a proficiência em duas línguas estrangeiras, no mínimo. A originalidade é uma questão de como o cientista amarrou as questões, o assunto, como os analisou, como tratou os modelos teóricos, como olhou por outro ângulo. O tema, o objeto, pode não ser novo. O agora doutor deve contribuir significativamente para a área do conhecimento da qual passou a fazer parte. Seu amadurecimento como cientista, seu raciocínio lógico, sua capacidade de argumentar, devem aparecer e se tornarem patentes aos olhos dos outros pesquisadores e cientistas, já representados na banca examinadora: cinco professores doutores (um orientador e quatro arguidores).

Terminamos este capítulo apresentando questões mais práticas que envolvem a pesquisa e a Ciência. Mas o problema não acabou. Se temos agora um cientista, isso significa que ele se difere, em termos de produção de conhecimento, de outros procedimentos de saber, de outros conhecimentos, pois existem níveis, tipos de conhecimento, nem todos científicos. Mas o que significa isso? O que implicam essas diferenças?

2
O conhecimento e seus níveis

Os conhecimentos produzidos pelos seres humanos se diferem. Possuem distintas particularidades, e acionam métodos diferentes de construção e difusão de saber. Operam de maneiras diferentes. Temos conhecimento filosófico, científico, religioso, mítico, de senso comum, artístico. Eles são interpenetráveis, intercambiáveis, até certo ponto, mas nem sempre esse ponto de interligação é tão claro. Seus "limites de territórios" são rigorosos, mas não totalmente.

Se falarmos em níveis de conhecimento, isso poderá pressupor que haja certa hierarquia entre diferentes conhecimentos: um nível seria mais verdadeiro que o outro, pois seria mais rigoroso, desenvolveria métodos de construção de conhecimento mais confiáveis. Ao mesmo tempo, se falarmos em nível, pensaremos a horizontalidade do plano. Ou seja, todos os conhecimentos poderiam estar no mesmo nível. Ou um tipo de conhecimento estaria em um nível, outro tipo em outro nível, horizontalidades acima, horizontalidades abaixo, tais como degraus. A palavra "tipo" vem do grego τύπος (foneticamente: týpos), que significa "cunho", "molde", "sinal", e que, portanto, inspira "fé" (certa religiosidade implicada) como modelo cabível, como "cunho", "molde". Enfim, depende muito de como usamos esse "jogo de linguagem", mas é comum nos depararmos tanto com a ideia de que haveria *tipos* de conhecimento quanto a de que haveria *níveis* de conhecimento.

Mas há hierarquia entre os tipos/níveis? Rubem Alves (2012, p. 10) afirma que "o cientista virou um mito. E todo mito é perigoso, porque induz o comportamento e inibe o pensamento". Se um conteúdo se apresenta como "científico", seria algo "provado", indubitável, que me dispensa de pensar, cabendo-me aceitar a "autoridade científica", o *status* científico do conteúdo apresentado. Se não o aceito, é porque sou ignorante, bestial, incapaz de reconhecer o conhecimento verdadeiro. Devo me render aos que pensam de maneira correta. Mas, então, por que aquilo que foi considerado científico numa época nos aparece como ridículo tempos depois? Ou então, como noções descartadas retornam com força? Lembremos do início do livro quando falávamos sobre Giordano Bruno – que pensava como filósofo, teólogo, religioso – e como algumas de suas visões passadas coincidem consideravelmente com a cosmologia atual. Esses meandros, ambiguidades, liames, relações, filigranas, texturas, contradições, paradoxos, são componentes fulcrais nas nossas formas de produzir conhecimento – a produção do conhecimento, de todo nível ou tipo, possui história, e a história é sempre a história humana, das relações humanas.[31]

---

31 No dia 07 de outubro de 2014, assisti no auditório Sérgio Mascarenhas, na USP-São Carlos, a uma palestra bastante reveladora e que vai justamente nessa direção do cuidado que devemos tomar para que não sejamos ingênuos relativamente ao fazer científico. Ao mesmo tempo, não se trata de negar a incrível importância da Ciência. Avançamos melhor, inclusive cientificamente, quando adotamos uma postura menos ingênua, mais ciente das ambiguidades, limites e contradições; ou dito de outra forma, devemos sempre nos lembrar de que a Ciência, assim como as outras formas de produzir conhecimento, são produções humanas, realizadas em contextos históricos e sociais, que implicam relações inclusive de poder. A palestra proferida pelo Prof. Roberto de Andrade Martins sugestivamente se intitulava **"Pesquisadores não são anjos**: uma controvérsia científica do séc. XVIII, com Maupertuis, Voltaire, Euler e o rei Fréderic II". O "enredo" gira em torno do *princípio da*

Tentemos uma esquematização aceitável. Há o conhecimento de "senso comum" ou "popular", há o conhecimento científico, o filosófico, o mítico, o religioso, o artístico. Basicamente, esses níveis congregam o

---

ação mínima de Maupertuis, estudioso da Óptica. Na história da Ciência, essa teoria (assim como tantas outras) não se reduzia ao aspecto meramente "científico" ou "técnico", pois tanto a religião podia ser motivação para o trabalho científico quanto o trabalho científico poderia trazer implicações de cunho religioso. O princípio tinha antecedentes históricos. Se em Aristóteles havia a ideia de que a natureza nada faz em vão, ela é econômica, a luz deveria percorrer o caminho mais curto. No séc. XVII, Pierre de Fermat defendeu que a luz deveria percorrer o caminho mais rápido, não necessariamente o mais curto – *princípio do tempo mínimo.* Descartes não poderia deixar de contestar. Na sua divisão entre a *res cogitans* e a *res extensa,* sendo a luz *res extensa,* como ela pode "escolher"? A luz não cogita! Leibniz preferia o *princípio da resistência mínima.* Nada disso passa ao largo da religião. Se a "causa final" se confirma na física, ela é evidência da existência de Deus, já que a luz não possui inteligência própria, diria Leibniz. O que confirma a existência de Deus é, antes da *res extensa,* da física, a *res cogitans,* porque se penso Deus não existindo não estou pensando Deus, de maneira que cogitar Deus implica que Ele existe, e que a *res extensa* não é produto de um demônio maléfico que brinca com a terrível solidão da minha existência reduzida a uma inteligência vagando no vazio... cogita Descartes. O padre Malebranche nos lembrava que Deus sempre age da forma mais simples possível... E Maupertuis, no séc. XVIII, valorizava a ideia de "causa final", pois esta seria a única prova física da existência de Deus, no justo momento em que a Física ia se tornando o modo mais garantido de obtermos um conhecimento verdadeiro, no contexto de uma lenta transferência da autoridade do saber das Sagradas Escrituras para o campo empírico, uma mudança relativamente lenta no método do "pescador". No limite, talvez a Física pudesse nos levar a contestar Deus (muitos receios crescentes desde o séc. XVII), como se tornara comum no séc. XX. Certamente, faço aqui uma leitura própria a partir da palestra, mas se é para me ater ao que pretendia o Prof. Martins, a fundamentação científica apresentada por Maupertuis estava recheada de problemas. Antes deste, Euler havia proposto lei mecânica muito mais assemelhada ao princípio de ação mínima, posteriormente desenvolvido, que o modelo de Maupertuis. Só que não quis desagradar ao colega Maupertuis, já que este era Presidente da Academia de Ciências de Berlim e tinha "autoridade" sobre Euler. Motivo nada científico! Ora, mas como produzimos Ciência? Estabelecer leis científicas é um processo mais gradativo que instantâneo (temos receios, medos, ficamos inseguros, gostaríamos de ouvir outra opinião, alguma outra forma de testá-las; ou inclusive podemos perder o emprego, sermos perseguidos); há tentativas, erros, discussões que tornam a teoria mais coletiva que individual; quando se ensina Ciência é comum omitirmos a complexidade do contexto histórico em que esta foi produzida; Filosofia e religião influenciam o pensamento científico e vice-versa; novas propostas científicas não passam apenas por questões científicas, podendo passar até por uma questão salarial, por uma questão de emprego. Cf. MARTINS, SILVA, 2007, p. 146-169. Ciência não é "o que se pode provar", não se atém ao "empírico", antes de se perguntar o que é o "empírico".

que é produzido e divulgado em termos de conhecimento. O senso comum é um conhecimento adquirido pelas pessoas pelo simples fato de viverem com as outras. Ele organiza e classifica – tal como todo conhecimento – o mundo, mas não é sistemático nem preciso. É um conhecimento de tipo particular e pouco adequado a generalizações, embasado mais nas percepções imediatas que numa racionalidade insistente. É fragmentário, imediatista e pragmático.

Oliveira Netto (2008, p. 20) prefere chamar de "popular" esse conhecimento constituído por "opiniões não-comprovadas" baseadas nas experiências do dia a dia, sem a "preocupação das pessoas em estabelecer relações significativas entre os fatos", sem a preocupação em interpretá-los. É um conhecimento tradicional, transmitido de geração a geração, adquirido por convivência, sem estar atrelado a estudos sistemáticos, pesquisas ou aplicações de métodos.

O "senso comum", na verdade, não existe para quem o vive. É simplesmente conhecer o mundo e como ele teria surgido, como se cura doenças, como se resolve problemas, como se convive com as pessoas, como se relacionar com divindades etc.; não é necessário defini-lo. Só definimos o "senso comum" quando temos outras referências, outros tipos de conhecimento. "Quando um cientista se refere ao senso comum, ele está, obviamente, pensando nas pessoas que não passaram por um treinamento científico" (ALVES, 2012, p.13). Mas a Ciência é um "desenvolvimento progressivo do senso comum" (ALVES, 2012, p.12), e não um órgão novo do conhecimento. A Ciência é uma hipertrofia, um refinamento da habilidade do pensar, do raciocinar, do realizar experiências, do aplicar métodos, do produzir e divulgar conhecimento; e como tal, ela se baseia em inúmeras especializações que aumentam a visão em profundidade sobre conjuntos particulares, mas perde na visão em extensão.

Enquanto uma dona de casa que vai à feira, no exemplo de Alves (2012, p. 13-14), articula problemas econômicos, administrativos da casa, processa uma série de informações, compara preços, sabe que alimentos não servem apenas para nutrir o corpo, mas se amarram ao decoro das relações humanas, a fatores simbólicos portanto, antecipa como deverá prepará-los, e conhece os processos físicos e químicos necessários para tal, o economista, o químico, o antropólogo, o sociólogo, o físico, atêm-se apenas ao que lhes cabe, especializam-se, hipertrofiam os particulares, passam a ser "autoridades" para o controle disciplinado daquilo no qual se tornam especialistas.

Com efeito, tal como outros tipos de conhecimento, o senso comum, o conhecimento popular, organiza e funciona[32]. E é por isso que se torna tradição. A tradição dissipa temores, torna o mundo habitável para os seres humanos. Forma uma "sociosfera" (LÓTMAN et al., 1981). Se não funciona em termos científicos - umas vezes sim[33], outras não - fun-

---

32 O étimo do verbo organizar é "órgão". Deriva do grego ὄργανο (foneticamente: "órganon"). Desde os gregos a palavra contempla um uso variado. Na música, como sinônimo de instrumento. Também era usada para designar parte do corpo com função específica, ou como "aparelho", apetrecho, ou mesmo um setor governamental com determinado atributo, um "órgão" de autoridade. As questões etimológicas são sempre complicadas. Difícil retraçar com precisão o uso das palavras na história. De qualquer modo, é possível percebermos uma forte relação do uso da palavra órgão com teores bastante pragmáticos, relativos a algo que se acredita seguir uma ordem, uma função. Assim, órgão nos remete a um corpo cujas partes, órgãos, cumprem funções definidas, identificáveis. Daí a "organização" ser sempre um modelo que tenta corresponder ao funcionamento eficiente e real disso ou daquilo. Não deixa de ser sintomático o fato de que as obras lógicas de Aristóteles reunidas por Andronico de Rodes no séc. I a.C. tenham passado a ser tradicionalmente referidas como "Órganon". No Órganon temos o método aristotélico de estruturação do raciocínio válido e da argumentação que deveriam amparar toda a Ciência. E, se mais tarde, Francis Bacon (1561-1626) pretendeu um "Novum organum" (novo órgão), tal também é bastante sugestivo de como nós fazemos Ciência: a "organização", a modelização com base eficiente, eficaz, correspondente ao real, o cumprimento de "funções orgânicas", tal como um corpo constituído por partes, órgãos. No caso de Bacon, crítico de Aristóteles, o novo órgão deveria se basear na experimentação e na superação dos "ídolos" (ideias ilusórias e preconceituosas que atrapalhavam os seres humanos, em especial a Ciência). Alves (2012, p. 64) observa: "Organizar é transformar algo em órgão, em instrumento a serviço das necessidades de certo organismo. Organizar o mundo é fazê-lo uma extensão do corpo, é submetê-lo a princípios de ordenação estabelecidos pelas necessidades do sujeito que organiza".

33 É quando empresas unem bioquímicos e antropólogos para visitarem populações e investigarem suas sabenças. O antropólogo estabelece o contato entre as "culturas" popular e científica, traduz uma para a outra, traz a informação para o bioquímico, que por sua vez "traduz" a substância curativa em fórmula química cientificamente grafada, retirada do "caos", da memória ancestral e do mundo mágico, e agora manipulável em laboratório. O resultado é o "comprimido" que será vendido. A substância curativa é "comprimida", acachapada,

ciona no seu sentido profundo de pulsão de vida coletiva, de memória, de sentimento de pertença. Assim, por exemplo, na medicina popular brasileira, chamada pejorativamente de "rústica", a profilaxia é mágica. As técnicas e remédios empregados incluem relique (relíquia), patuá, bentinho, amuleto, santinho e talismã. Os responsáveis, as autoridades do conhecimento, os "médicos", são a comadre, a assistente, os mais velhos, os pais (ARAÚJO, 2007, p.171).

Araújo faz um conjunto de observações sobre a cultura popular brasileira que pode ser estendido para outras culturas. É uma inteligente síntese daquilo a que chamamos "senso comum", ou "conhecimento popular":

> O povo tem conhecimento de fenômenos relacionados com a astronomia, meteorologia, medicina, enfim, os mais variados ramos do conhecimento humano. Para sua transmissão usa não raro o provérbio, a frase feita, a adivinha etc., fórmulas, enfim, nas quais procura-se, de maneira prática, condensar os conhecimentos, acervo este de observações transmitidas de geração a geração, vindas muitas vezes dos milênios transatos, porém retemperadas pelo uso do cotidiano, emprestando a esses conceitos o papel de verdadeiros guias práticos orais, verdadeiros 'códigos de sabença popular', constituindo uma coleção de leis ditadas pelo 'ouvi dizer', 'os antigos faziam assim', 'meu avô já dizia', persistindo graças à oralidade, permanecendo na atual realidade brasileira pelo largo uso que o povo dela faz (ARAÚJO, 2007, p.169).

Não obstante, torna-se inevitável para o cientista, o filósofo, diferirem sim o tipo de conhecimento que produzem relativamente ao "senso comum". A Ciência e a Filosofia permitem o distanciamento, o olhar descentrado, a abstração, o "viver-porém-não-misturar-se" à sociosfera; em poucas palavras: a visão crítica! Mas não necessariamente é as-

---

para ser industrializada, e o capital viabilizado mais uma vez, vivificado... E a Ciência é tão "imparcial" quanto só os ingênuos imaginam.

sim. A Ciência pode ser colonizada por interesses que a mantenham em um circuito bastante limitado, dando meras respostas às necessidades do poder; dos poderes político, econômico, social. Aqui, não se descentra. A Ciência é um "território de conflitos de interesse", notadamente. O mesmo pode ocorrer com a Filosofia, especialmente aquela engessada no legitimar relações, *status quo*. Mas é inegável o caráter crítico e libertário que a Ciência e a Filosofia podem ter. A Ciência e a Filosofia, diferentes do senso comum, devem exercitar sistematicamente a crítica e a autocrítica, o debate em torno dos métodos. Não é raro que a Ciência entre em conflito com noções de senso comum, assim como não é raro que um filósofo se indisponha com o comportamento comum das pessoas. Apenas como exemplo, enquanto o senso comum pode muito bem seguir modas e novelas passivamente, o economista crítico desconfia do que está por trás dessas tentativas de guiar e influenciar comportamentos de pensamento e consumo, já o filósofo, o historiador, o sociólogo, o psicólogo, o antropólogo podem começar a se perguntar o que motiva as pessoas em uma sociedade de massas, o que fundamenta essas relações, se há "alienação" e em que termos ela ocorre etc. Enfim, a Ciência e a Filosofia permitem o descentramento em relação ao comportamento comum, ao senso comum.

Alguém, então, estaria mais próximo da verdade? Os cientistas, os filósofos, estariam mais próximos dela? Não é bem isso, pois precisamos primeiro pensar o que seria a "verdade" – tarefa que será enfrentada adiante. O racismo ganhou estatuto científico no séc. XIX e no início do séc. XX. Está o cientista mais próximo da verdade? O mesmo racismo foi contestado cientificamente em seguida. A verdade se deslocou! A Ciência e a Filosofia, como são visões hipertrofiadas, sistematicamente treinadas, tendem a se diferenciar do senso comum. Ocorre, porém, que eles se reencontram – se a Ciência e a Filosofia nascem do senso comum, por sua vez também influem o senso comum e deslocam-no. O senso comum não é estanque. É tradicional, mas há movimento na tradição, que precisa ser ressignificada constantemente, "retemperada", senão deixa de fazer sentido, deixa de organizar o mundo, deixa de resolver problemas. Além disso, aqueles aspectos do senso comum, como a magia e o desejo, são humanos. Cientistas e filósofos jamais deixam de viver as relações humanas recheadas de senso comum, de noções mágicas – há racionalidade no senso comum e mesmo na magia[34]. Cientistas e filósofos possuem desejos, inclusive de reconhecimento.

Alguns desejos dos cientistas e dos filósofos nem seriam tão "nobres" ou "humanistas". Afinal, "não são anjos". Serei doutor e me tornarei autoridade no assunto! O que é se tornar autoridade? O que é ter autoridade científica, filosófica? É ser detentor de um "discurso competente". É ter poder. Como afirma Chauí (1981, p. 7): "O discurso competente é o discurso instituído. É aquele no qual a linguagem sofre uma restrição", de forma que " não é qualquer um que pode dizer a qualquer outro qualquer coisa em qualquer lugar e em qualquer circunstância". Aqui, o cientista seleciona o que é o senso comum, salvaguardando seu "discurso competente", sua "autoridade". Usa a Ciência contra o outro, a favor de si, do próprio estatuto, indispõe-se com outro, desqualifica-o como interlocutor. O outro é um ignorante![35] Não é fácil resolver essas questões. São mesmo ambíguas e paradoxais. Diz o ditado popular que "o

---

34 Há racionalidade na magia. Edward Evan Evans-Pritchard (1902-1973), antropólogo inglês que estudou a crença na feitiçaria, fez a seguinte narrativa: "Um menino bateu o pé num pequeno toco de madeira que estava em seu caminho [...] e a ferida doía e incomodava. O corte era no dedão e era impossível mantê-lo limpo. Inflamou. Ele afirmou que bateu o dedo no toco por causa da feitiçaria. Como era meu hábito argumentar com os azande e criticar suas declarações, foi o que fiz. Disse ao garoto que ele batera o pé no toco de madeira porque ele havia sido descuidado, e que o toco não havia sido colocado no caminho por feitiçaria, pois ele ali crescera naturalmente. Ele concordou que a feitiçaria não era responsável pelo fato de o toco estar no seu caminho, mas acrescentou que ele tinha os seus olhos bem abertos para evitar tocos – como, na verdade, os azande fazem cuidadosamente – e que se ele não tivesse sido enfeitiçado ele teria visto o toco. Como argumento final para comprovar o seu ponto de vista ele acrescentou que cortes não demoram dias e dias para cicatrizar, mas que, ao contrário, cicatrizam rapidamente, pois esta é a natureza dos cortes. Por que, então, sua ferida teria inflamado e permanecido aberta se não houvesse feitiçaria atrás dela?" (EVANS-PRITCHARD, **Witchcraft, Oracles and Magic among the Azande**, apud ALVES, 2012, p. 18).

35 Permita-me essa digressão, caro leitor: digamos que as formaturas acadêmicas deviam se transformar num ritual de autodepreciação; assim nossos futuros cientistas seriam melhores e mais confiáveis.

inferno está cheio de boas intenções". Senso comum e Ciência possuem muitas semelhanças, notadamente, mas dizer isso, quando queremos formar cientistas, poderá atrapalhar mais do que ajudar, pois o que difere a Ciência do senso comum é tão importante quanto aquilo que os equaliza. E sim, a Ciência, a Filosofia, requerem muito esforço, muito estudo, muita concentração e rigor com os conteúdos. Não obstante, essa distinção pode ser opressiva, constrangedora, dominadora, exploradora, arrogante! Ter consciência disso é já um passo importante.

O centro sobre o qual orbita a discussão deste livro é a Ciência. O tempo todo, aqui, tenta-se lidar com sua complexidade. Mas se é necessário defini-la, sinteticamente, é cabível afirmar que a Ciência é um tipo de conhecimento baseado em investigações fundamentadas por métodos que são, eles próprios, objetos de discussão e validação entre os cientistas. O conhecimento científico é sistemático e abalizado empiricamente, de forma que a percepção seja elevada à razão, à medição precisa e a uma linguagem rigorosa. Ela organiza o mundo tendo como parâmetros a precisão e a capacidade de relacionar elementos e generalizar. A Ciência se pretende uma "autoridade" como corretora de condutas, uma vez descobertas as leis gerais que governam a realidade, o mundo, o universo, o cosmos – leis que os seres humanos, produtores de Ciência, devem utilizar em seu favor.

A materialidade física é o objeto da Ciência, embora essa materialidade nem sempre seja perceptível diretamente pelos órgãos dos sentidos, pois a Ciência também hipertrofia nossos sentidos através de instrumentos, equipamentos, de maneira que é válida para a Ciência a materialidade da "realidade dependente do modelo" (realidades que funcionam dentro de um modelo de explicação, embora não seja possível até aquele momento apontar com precisão quais elementos, exatamente, participam daquele funcionamento), contanto que o modelo continue funcionando. Não obstante, se a materialidade física é o objeto da Ciência, as coisas se complicarão ainda mais. Há mais de um século em desenvolvimento está a física quântica, e atualmente, temos a ampliação do espaço virtual, de forma que as teorias conhecidas sobre a matéria tendem a ser arcaicas. Novos "objetos" são estabelecidos para a Ciência, portanto!

A Ciência busca demonstrar, provar, dispõe-se à verificação, sujeita-se à refutação mais que à fixidez das verdades imóveis. Procura "desvendar os segredos da realidade, demonstrando-os com clareza e precisão e descobrindo suas relações de predomínio, igualdade ou subordinação com outros fatos ou fenômenos, o que resulta na conclusão de leis gerais, válidas universalmente para todos os casos de mesma natureza" (OLIVEIRA NETTO, 2008, p. 21).

A Ciência constrói modelos, porque a visão do real nunca é direta, e sim mediada pela inteligência, pela dimensão da percepção humana e suas medidas, pela linguagem, pelos símbolos. Conhecemos os modelos do real, que são construídos por nós. O modelo é um artefato conceitual do cientista. A história da Ciência mostra que existem "revoluções científicas" justamente porque não existe exatamente uma visão direta do real; é o modelo, o artefato que criamos para tentar captá-lo, que funciona e pode parecer funcionar, mas que também pode parar de funcionar a qualquer momento. Usamos imagens, símbolos, metáforas, e também a matemática – esta última, em geral desde Descartes, aparece-nos como um alívio, como uma muleta que nos resolve tudo, como o modelo científico por excelência por conter uma lógica perfeita. Mas há controvérsias...[36]

A Ciência possui a intenção deliberada de produzir conhecimento, buscando as verdades que nos fogem, numa busca sem fim. Nisso consiste seu discurso, sua linguagem, sua ambição. Outros tipos de conhecimento podem se contentar com outras intenções confessadas, de forma que o próprio conhecimento que produz nem sempre se propõe,

---

36 Definimos e nos preparamos para repousar nosso pensamento, aliviados. Mas, em seguida, encontramos exceções à regra e dúvidas. A orfandade se repõe. Bom sinal. Sinal de que você está adquirindo "espírito" científico: sua curiosidade continua, suas dúvidas se deslocam, precisa fazer mais uma pesquisa... Afinal, "naquilo com que um espírito se satisfaz mede-se a grandeza de sua perda!" (George Wilhelm Friedrich Hegel, 1770-1831). Ou, como diria o verso de Sólon (séc. VI a.C.) já na Antiguidade, "Γηράσκω δ΄ αἰεί πολλὰ διδασκόμενος" ("Envelheço aprendendo sempre muitas coisas).

exatamente, como um "conhecimento". Propõe-se como coisas! E essas se bastam. Uma obra musical, uma escultura, um prédio, não foram construídos para buscar a verdade. São antes objetos, alguns estéticos em sentido estrito, outros não, mas sempre objetos como tal, o que lhes basta. São feitos com objetivos estéticos (experimentação da forma, dos sentimentos humanos, das sensações que proporcionam, das habilidades que nos exigem), com objetivos funcionais (oferecer moradia), etc.; podem usar a Ciência, mas não é essa sua finalidade.

Um poema é uma linguagem, um "objeto" feito de palavras; embora possa dizer verdades profundas sobre nossa vida condensando sentidos em um mínimo de palavras, não é, enquanto tal, um discurso científico. Com efeito, um poeta pode estar tão interessado na verdade sobre a sociedade quanto um sociólogo, um historiador, um antropólogo (tomadas as devidas proporções, devido as diferenças entre Ciências humanas e naturais). Mas a forma como utilizará a linguagem será outra, seu artefato será outro, seus procedimentos serão outros. É que para algumas atividades, sejam ou não científicas, a verdade é relevante, enquanto para outras atividades ela é irrelevante. Sim, para o cientista, não só a verdade (ainda que "relativa") é relevante como o método para se chegar a ela, ainda que fugidia, é tão relevante quanto a própria verdade que se busca. Eis o distintivo da Ciência: ela é cercada de epistemologia, pois a verdade só faz sentido na relação entre o discurso sobre o objeto e o objeto. Então, é preciso tomar posse do método, compreendê-lo, saber justificá-lo perante a comunidade científica da área escolhida e aplicá-lo. Temos agora um cientista. O conhecimento se atrela à capacidade de conhecer. Conhecer é produzir-se como conhecedor. Um cientista se forma no aprendizado do conhecimento científico e de seus métodos.

Já a Filosofia foi – em seu surgimento na Grécia, ligado ao rompimento com o pensamento tradicional mítico (tomadas as devidas proporções[37]), com o senso comum – por séculos, a Ciência, por excelência.

---

37 Não deixa de haver certa simplificação aqui. A "verdade das coisas [...] através dos séculos, foi constituída de maneira peculiar". Então seria uma boa pergunta o quanto os gregos acreditavam nos próprios mitos, a ponto de haver um "rompimento" no surgimento da Fi-

A argumentação racional e o aumento sistemático do rigor lógico tornaram-se o modo de operar da Filosofia e, num primeiro momento, da própria Ciência. No diálogo *Mênon*, escrito por Platão, Sócrates (c.470-399 a.C.) desenvolve alguns dos pilares da Ciência que chegam a valer até hoje – é provavelmente o início da teoria do conhecimento e da teoria científica[38]:

> Mas a que propósito digo essas coisas? A propósito das opiniões que são verdadeiras. Pois também as opiniões que são verdadeiras, por tanto tempo quanto permaneçam, são uma bela coisa e produzem todos os bens. Só que não se dispõem a ficar muito tempo, mas fogem da alma do homem, de modo que não são de muito valor, até que alguém as encadeie por um cálculo de causa. E isso, amigo Mênon, é a reminiscência, como foi acordado por nós nas coisas <ditas> anteriormente. E quando são encadeadas, em primeiro lugar, tornam-se ciências, em segundo lugar, estáveis. E é por isso que a ciência é de mais valor que a opinião correta, e é pelo encadeamento que a ciência difere da opinião correta. (PLATÃO, 2001, p. 103; a fala é de Sócrates).

Esse encadeamento racional de "opiniões verdadeiras", içado ao ponto de ultrapassar o nível de "opinião", "senso comum", e atingir bases causais ("cálculo de causa"), é um dos fundamentos ainda atuais tanto da Ciência quanto da Filosofia. Com efeito, é sempre muito difícil simplificar as coisas, pois nem Mênon se convenceu do que Sócrates propunha como resposta da pergunta inicial no diálogo: o que é a virtude e se ela pode ser ensinada. Aqui Sócrates introduz sua célebre teoria da

---

losofia. Cf. a intrigante obra do historiador Paul VEYNE, 2014. Os historiadores são sempre particularmente preocupados com o problema do anacronismo quando olhamos para o passado, não sem razão.

38 Isso é afirmado, por exemplo, por MATALLO JR., 1989, p. 16.

reminiscência[39], mas o caráter polêmico da teoria continuaria. A Ciência e a Filosofia são polêmicas!

Depois de séculos de história, Filosofia e Ciência foram criando diferenças importantes entre si, não obstante mantendo em comum as bases racionais sobre as quais ambas se amparam. Há dificuldades em se caracterizar a Filosofia de uma maneira exageradamente genérica, pois é variante segundo filósofos e épocas. O conhecimento filosófico, não obstante, tem como marca distintiva o gosto pelo saber enquanto tal, como um saber que articula ideias numa "arquitetônica" capaz de dar conta de tudo que se sabe quando ela é proposta pelo filósofo[40]; e não de conhecimentos especializados como nas Ciências. Acredita-se que Pitágoras teria referido o termo *Philosophia*, distinguindo *philo* como gosto, amizade, amor, e *sophia* como saber, sabedoria. Seria uma "amizade ao saber", um gosto pelo saber, uma busca do saber.

Foi assim que a Filosofia se tornou frequentemente utilizada como "Ciência em geral", aquela que daria conta da totalidade do saber, o que

---

39 Sócrates interroga um escravo ignorante acerca de um problema geométrico. O escravo resolve o problema a partir das perguntas de Sócrates, conduzidas de tal forma que o escravo se lembraria da solução. Com isso, Sócrates propõe que a alma do escravo já conhecia a resposta, pois teve contato com as formas (ideias), num outro mundo, e, portanto, o conhecimento se basearia num "reconhecimento", numa reminiscência. O que garantiria o "encontro" entre a alma que ora vive no mundo sensível (material) e a ideia (residente num outro mundo; hoje poderíamos chamar a ideia socrática de "conceito") seria o crescente rigor lógico com que a questão tem de ser tratada. Daí a importância da condução das perguntas e das considerações – o diálogo lógico. Sem entrar no mérito se existiria ou não outro mundo espiritual, onde residem as ideias como formas puras e universais, são reconhecíveis as bases científicas do processo de conhecimento levado a cabo. Esse outro mundo pode ser visto como um "artefato" que funcionou no contexto da Ciência (e da Filosofia) da época. Continuamos a construir artefatos quando produzimos conhecimento, tanto científico quanto filosófico.

40 É comum que os filósofos desloquem os sentidos das palavras, ressignifiquem as coisas, estabeleçam programas de pesquisa, proponham direções ao saber, à Ciência, à moral, à ética, ao comportamento humano, às relações com a transcendência etc. É comum que os filósofos coloquem tudo que se sabe em suspenso, em um processo epistemológico, e reestabeleçam novas bases de validação do próprio saber. É comum que os filósofos se perguntem sobre as perguntas que fazem! É comum que os filósofos desconfiem do "jogo da linguagem" e também de certas pretensões da Ciência. Finalmente, também é comum que se decrete a "morte da Filosofia", mesmo que ela sempre saia dessa mais viva do que nunca.

a levou a buscar os primeiros princípios que ofereceriam os fulcros dos demais saberes – desta feita, privilegiando a metafísica[41]. Embora tal tendência seja algo bastante identificável no período antigo, essa característica aparecerá em momentos posteriores, quando as Ciências tenderão mais enfaticamente às especializações por área de conhecimento, com o advento do mundo moderno.

Durante a chamada Idade Média, o que houve de mais comum no tocante à Filosofia foi sua transformação em serva da teologia, haja vista que seu papel metafísico seria o de oferecer bases racionais para a justificação dos dogmas religiosos, cristãos. A conciliação entre fé e razão, que marcou o período, reservava à fé a posição de prerrogativa que não poderia ser questionada pela "razão humana" imperfeita e lacunar. A razão humana só poderia ser válida na medida em que partisse da fé como pressuposto; a confiança no procedimento se alicerçava na Re-

---

41　"Metafísica" deriva do latim medieval *"metaphysica"* que, por sua vez, deriva da expressão grega "tà metà physiká", "além da física". Por volta do ano 50 a.C., Andronico de Rodes, tido como principal organizador da obra aristotélica, editou 12 tratados de Aristóteles. Na edição, os tratados de Aristóteles se localizavam depois do tratado de Física. E por esse motivo, uma expressão inusitada começou a ser usada, "ta metà ta physiká", que referia os textos de Aristóteles como "aqueles que estão depois daqueles de física". Não obstante a expressão inusitada, coincidentemente metafísica refere o que está além da física, aquilo que transcende a φύση, a natureza – μεταφυσική (*metaphysiká*) –, o transcendente. No séc. XIV era referida como "doutrina da essência das coisas, conhecimento das causas primeiras e dos primeiros princípios" (CUNHA, 2010, p. 423). Embora pudesse ter ressalvas no caso de o transcendente significar o alheio mundo das ideias platônico que ele criticava, pois pensava que a substância das coisas era inerente às próprias coisas, Aristóteles buscava o princípio primeiro, e neste sentido propunha uma metafísica. A tradição escolástica (cristã medieval) se apoiou na clássica e acabou por corroborar a pretensão aristotélica de oferecer uma "Filosofia primeira", uma "doutrina do ser em geral", dos princípios, da causa primeira, incausada, que implicava Deus como Ser Supremo. Desenvolvendo-se, a escolástica distinguirá uma metafísica geral e uma especializada para os domínios particulares do real: cosmologia, tratado da alma e teologia racional, basicamente. Tal veio a ser a Teodiceia. A modernidade colocou em questão a metafísica, que perderá seu lugar central na própria Filosofia, mas, para resumir, continuou como reflexão racional acerca daquilo que ultrapassa o campo sensível, aquilo que se supõe estar por trás da natureza, da existência, daquilo que podemos experimentar. Ou seja, continua a ser sinônimo de "além da física". A Ciência e a Filosofia positivista realizaram duras críticas à metafísica. Ainda assim, Henri Bergson (1859-1941) a revigorou e ela ainda é fundamental para alguns filósofos contemporâneos, religiosos ou não.

velação Cristã. Jesus Cristo teria trazido à razão humana o fundamento principal, do qual os seres humanos tinham se distanciado em seu livre-arbítrio. A razão humana, se vinda de Deus, e era assim que era pensada, não permitiria ao homem questionar a fé no divino, pois o homem estaria usando um poder dado por Deus, o poder de discutir para questioná-Lo, para discutir com quem nos teria dado o poder de discutir. A razão humana seria naturalmente (por criação divina) inferior à razão divina, o que a autoriza a compreender algumas coisas (as mensagens divinas, parte dos motivos divinos e as características mundanas) e a desautoriza a compreender outras (motivos divinos muito além de nossa compreensão). A fé seria o ponto privilegiado de contato entre os homens e Deus, e, portanto, a razão humana deveria se subordinar a ela:

> Senhor, não tento compreender tua excelência, porque meu intelecto não está à altura dessa tarefa, mas anseio compreender em alguma medida tua verdade, em que meu coração acredita e ama, pois não busco entender para crer, mas creio para entender, pois creio mesmo nisso: que não entenderei, a menos que creia. (ANSELMO DA CANTUÁRIA, **Proslogion**, capítulo 1, apud SMITH, 2006, p. 155).

Vemos aqui, em Santo Anselmo (1033-1109), a chamada "prova ontológica da existência de Deus"[42], que é metafísica, e com certo grau de simplificação, pois Santo Tomás de Aquino, por exemplo, não concordava com a formulação de Anselmo[43], ajuda a caracterizar como era o filosofar do período medieval: razão filosófica submetida à fé, pois Deus transcenderia os limites do pensar humano ao mesmo tempo em que nos prometeria plenitude e felicidade. Assim, "Deus entra na filosofia, tão logo o homem vê que seu desejo e sua esperança se orientam para uma realidade que o transcende infinitamente" (ZILLES, 2005, p. 194).

---

42 Assim chamada a partir de Immanuel Kant (1724-1804).

43 Para Santo Tomás de Aquino, o argumento de Anselmo é pressuposto, não "prova".

A Filosofia moderna assumiria o papel de fundamentar a Ciência e a ação humana por caminhos que tendiam a autonomizar a razão relativamente à fé. A Ciência moderna nascente insistia em testar-se no confronto com a realidade, observando e mensurando os dados, mais que nas discussões e debates racionais e submetidos à fé e à autoridade das "Sagradas Escrituras". Novos métodos começavam a revelar uma realidade, que por ser nova para as mentes, precisava ser conciliada com a tradição, com a crença em Deus. Com efeito, a Filosofia se voltava novamente para a investigação dos princípios primeiros. Assim, a própria Filosofia se renovaria e se distanciaria da Escolástica. Exemplos: Nicolau Maquiavel (1469-1527), ao estudar o governo, a política, em "O Príncipe" (1513), não usou apenas a razão filosófica, mas teve uma atitude próxima da que hoje caracterizaríamos como "científica". Estudou objetivamente, confrontando o real. Se a realidade informava que é mais seguro para um príncipe ser temido que ser amado, era isso que devia ser dito. Francis Bacon pretendeu um novo método para a Ciência: a observação, o registro, o coligir dados confiáveis, enfim, a pesquisa empírica, que se reverteria no poder do homem sobre a natureza e na consequente prosperidade humana. Thomas Hobbes (1588-1679) é, por muitos, considerado o primeiro materialista moderno – tudo que existe é matéria física e pode ser explicado em termos de movimento. E René Descartes suspenderia temporariamente toda Filosofia, todo saber, todo conhecimento – tudo de volta à estaca zero! Em seguida, sua busca pelas certezas nas quais poderíamos confiar resultou na afirmação da razão, do cogito como espírito por si mesmo, como critério de verdade, do cogito como garantia da bondade de Deus para conosco; e finalmente, da metafísica como fundamento para a busca da verdade.

A Filosofia moderna encontraria no Iluminismo (séc. XVIII) o desembocar da investigação dos primeiros princípios. Seu papel seria o de investigar pressupostos e desenvolver a consciência dos limites do conhecimento, a ponto de pavimentar o caminho da crítica da Ciência e da própria cultura. Ela seria a questionadora por excelência, recuperando o ceticismo. Kant, filósofo iluminista, realizou o encontro entre racionalismo e empirismo propondo que nosso aparelho corporal (nossos sentidos) possui características que afetam nossa experiência, colocando-a sob nossas medidas. E é sobre essa experiência que nossa razão elabora conhecimento, o conhecimento que nos é possível. O uso especulativo da razão pode nos levar ao equívoco, o que é comum, e portanto, deve ser distinguido do conhecimento científico. Fora disso haveria o "numênico", um mundo transcendental que não pode ser registrado por nossa experiência. Conjugando sensibilidade (experiência) e entendimento (razão) podemos construir um conhecimento confiável, porém condicionado por nossa estrutura corporal.

A Filosofia contemporânea é uma profusão de possibilidades. Não obstante, mantém-se como investigação crítica distinta da Ciência e ao mesmo tempo relacionada a ela. A Filosofia cultiva uma relação reflexiva com vários campos do saber. É revelador que ela apareça hoje como "Filosofia da Ciência", "Filosofia da História", "Filosofia da Educação", "Filosofia do Direito" etc. A Filosofia não dispensa as conquistas dos métodos científicos, em especial os muitos métodos empíricos que foram desenvolvidos, mas reserva para si a ênfase na coerência lógica, racional.

Ao caracterizar "senso comum", Ciência e Filosofia, relacionando-as, contemplei outros "tipos", "níveis" de conhecimento, como o mítico, religioso e artístico. Por isso, talvez, agora possa ser mais breve.

Tornou-se comum pensar o mito como sinônimo de mentira. Se se diz, por exemplo, acertadamente, que as explicações religiosas foram e são transmitidas de geração a geração através dos mitos, isso pode ser tomado como uma ofensa pelo crente. Afinal, se a explicação religiosa é verdadeira, não pode ser mítica. Mas mito não é – ao menos não exatamente – uma mentira. É um dos primeiros recursos da inteligência que deveria oferecer um artefato para explicar por que as coisas, o mundo, a vida, são da forma como são. Remonta ao processo de hominização, de aquisição da capacidade cultural entre os seres humanos. O mito é um elemento absolutamente fundamental da cultura. Os mitos são dinâmicos, não estáticos. Continuamos a alimentá-los, a criá-los e recriá-los. A Filosofia e a Ciência constantemente os contestam, embora possam criar seus próprios mitos (ao menos em sentido amplo, não restrito, como "ideia falsa", "sem correspondência com a realidade") que um dia, provavelmente, serão contestados também.

Busquemos o sentido restrito do mito, para não tornar demasiadamente complexa a questão. Será mais esclarecedor nos remetermos às épocas em que não tínhamos tantos artefatos científicos para explicar as coisas, os fenômenos. As sociedades antigas concentravam a esmagadora maior parte da população nas atividades agrícolas. A vida dependia disso, de boas colheitas, mas não se entendia como as plantas germinavam, cresciam. Entretanto, algumas tecnologias de cultivo eram dominadas. Através da observação, tentativa e erro, podia-se ir longe. Sabia-se da importância da escolha da semente, do preparo da terra, da importância da chuva para que as plantas germinassem; já tinham, sem o saber, afetado o DNA e o processo de "evolução natural" das plantas por conta da escolha e favorecimento de algumas espécies em detrimento de outras nos campos cultivados, tendo em vista a busca de certas características em uma mesma planta que fossem mais adequadas ao grupo, assim "domesticando-as". Tudo isso, mas como explicar por quê?

O mito foi o artefato utilizado para explicar o porquê. Os homens e mulheres sofriam das vicissitudes, reveses, instabilidades que o mundo físico lhes impunha (ainda sofremos). Um conjunto enorme de fenômenos que os homens e mulheres não controlavam poderia levá-los à morte. Eles precisavam saber o que ou quem movia as coisas e "negociar", procurar um equilíbrio, afastar o mal, atrair o bem, viabilizar a própria existência, acomodar-se no mundo. Assim, por exemplo, os camponeses noruegueses na era dos vikings sabiam que geralmente, quando trovejava e relampejava, também chovia e observaram que precisavam da chuva para que as sementes germinassem. Mas por quê? Quem ou o que era responsável por fazer chover? A palavra "trovão" em norueguês vem de Thor-dən, "o rugido de Thor". Chovia porque Thor cruzava os céus em uma carruagem puxada por bodes, agitando seu martelo. Por isso Thor devia ser adorado como deus da fertilidade, e merecia rituais que o homenageassem, que eram uma maneira de "negociar" com ele, diminuindo a indeterminação e os perigos contra a vida humana. O martelo de Thor também garantia a luta contra o caos trazido pelos *trolls*. As desgraças contra os seres humanos eram provocadas por esses últimos, que pretendiam roubar *Freyja*, deusa da fertilidade, da beleza e do amor – algo temido pelos homens, pois se o fato ocorresse, as plantas não cresceriam nos campos e as mulheres não poderiam ter filhos. Na mitologia grega, era Zeus quem provocava chuva e lançava raios e trovões; era o Deus supremo. Era onisciente e castigava os homens maus e injustos. Nada aconselhável desagradá-lo, portanto.

Se vermos tudo isso como fantasioso, ficará fácil associar mito à mentira. Entretanto, é comum que tenhamos facilidade em admitir que o artefato – tido como mítico – é fantasioso quando se trata de outra cultura que não a nossa, enquanto temos dificuldade em admitirmos nossos próprios mitos (questioná-los é heresia, iconoclastia, e implica o perigo de ser castigado). Diante do exposto, é preferível pensarmos, portanto, o mito como uma espécie de "verdade alegorizada" (pois ele tem sentido, não é "mentiroso"), uma "dramaturgia da vida", uma narrativa sobrenatural, uma "história poetizada", divina, misteriosa, um artefato simbólico, mnemônico, cultural, tradicional, que procura explicar as origens do grupo, o funcionamento da natureza e estabelecer quais valores morais devem ser cultivados pelo grupo. Ou seja, o mito usa os símbolos para normatizar a vida, para criar uma "sociosfera" que torna possível nos acomodarmos no mundo, na nossa sociedade.

É só quando temos outros artefatos como referência que os mitos passam a ser pensados como "mitos". Até então, o mito era a explicação por excelência. Novamente, os gregos, inventores da Filosofia. O pensamento lógico inicia o questionamento do mito, caracterizando-o como tal: μύθος (mŷthos) significa "fábula", "lenda", "enredo", "narrativa", "discurso", abrindo o caminho para que seja interpretado como "mentira", o que não é muito preciso e nem justo. Mentiras são inventadas de forma deliberada, um desvio da verdade. Já os mitos de uma sociedade revelam muitas verdades sobre ela, pois alegorizam fenômenos e valores daquela sociedade. Também é possível pensarmos os mitos como funções ligadas à psique – os desejos, a relação com os pais, com o outro – tal como faz a Psicologia e sua interdisciplinaridade com a Ciência Histórica. Como afirmam Chevalier e Gheerbrant (2012, p. 611-612), a imaginação humana tem uma função importante na vida social – ela é simbolizadora e é uma forma de percepção da realidade.

O conhecimento religioso assenta em sistemas de crença no transcendental, em Deus, em deuses, ou em alguma forma de entidade(s). Tais crenças são sempre tidas como reveladas aos homens, que por si mesmos, sem o aceite daquilo que os transcende, não teriam como acessá-las. A adesão à religião implica a fé, cujas verdades seriam superiores às demonstrações racionais ou científicas. O conhecimento religioso é um conhecimento sistemático, organizado, mas que não pode ser posto em dúvida e nem verificado. Não é refutável, pois seu pressuposto é de que negá-lo nos levará a uma contradição fundamental: a criatura não pode ser mais complexa que seu criador! Nossa razão, nossa Ciência e nossas demonstrações não podem se voltar contra quem nos concedeu essas faculdades, senão por obra de um espírito maligno, cujo ego o levou a questionar Deus, no fundo querendo tomar seu lugar. Nas palavras de um célebre apologista do Cristianismo, Deus "é a fonte da qual vem toda a nossa faculdade de raciocínio: não podemos estar certos e ele, errado, assim como uma onda não pode mudar o sentido da maré" (LEWIS, 2009, p. 64).

Questionar a divindade seria uma maneira de colocar o homem em primeiro lugar, ou seja, no lugar de Deus. Seria um erro grave, uma contradição fulcral, já que fora de Deus, o homem sequer pode se realizar como homem e não pode ser feliz, a não ser se entregando a uma pretensa felicidade, ao mundano, que é temporário, passageiro, não eterno. Tal seria a perdição, a morte, seria o nosso fim – fim do qual nós só poderíamos ser salvos através de Deus. Questioná-Lo, portanto, não está na pauta do conhecimento religioso, pois o demônio pretende enfraquecer nossa fé, de forma que não deveríamos ceder-lhe essa oportunidade:

> No momento em que possuímos um ego, temos a possibilidade de nos colocar em primeiro lugar – de querer ser o centro de tudo – de querer, na verdade, ser Deus. Esse foi o pecado de Satanás, e foi esse o pecado que ele ensinou à raça humana. [...] O que Satanás colocou na cabeça dos nossos remotos ancestrais foi a ideia de que poderiam "ser como deuses" – poderiam bastar-se a si mesmos como se fossem seus próprios criadores [...] Dessa tentativa [...] vem quase tudo o que chamamos de história humana: o dinheiro, a miséria, a ambição, a guerra, a prostituição, as classes, os impérios, a escravidão – a longa e terrível história da tentativa do homem de descobrir a felicidade em outra coisa que não Deus. (LEWIS, 2009, p. 65-66).

A atitude de São Tomé é condenada e seu opróbrio serve de exemplo. As faculdades críticas devem ser suspensas quando se chocarem com a fé, porque quando chegam nesse ponto, afirmam o homem, não Deus; afirmam o mal, não o bem; afirmam o mundo finito, não o eterno. O conhecimento religioso, portanto, sempre coloca o "além" como superior ao "aquém". A Filosofia e a Ciência podem mudar a perspectiva e colocar o conhecimento religioso, o próprio Deus, Deuses, Divindades, Entidades, a transcendência, como "produtos" humanos, como criações culturais e míticas dos seres humanos ao longo da história. Vemos, então, que, embora se possam "construir pontes" entre tipos diferentes de conhecimento, os pressupostos de cada um podem ser altamente contraditórios, diametralmente opostos. Um cientista pode se sentir inibido, constrangido e ameaçado pelo inferno quando, ao aplicar um método, ser levado a negar um dogma religioso – tal como a Revolução Copernicana e outras tantas. Mas para o desenvolvimento científico é ruim esse tipo de constrangimento. Não são raros os conflitos. São, na maioria das vezes, inevitáveis.

Toda essa caracterização é importante para compreendermos o conhecimento religioso. Não obstante, as religiões são diferentes, e muitas vezes nossas generalizações quanto à natureza do conhecimento religioso não dão conta das especificidades de muitas delas. Em religiões orientais, por exemplo, é desejável que o homem se funda com o divino. No cristianismo, no islamismo e no judaísmo, esse desejo pode ser tomado como luciferiano, pecaminoso, pois Deus é bastante distinto dos homens. No judaísmo, a religião é tão ligada à história "mundana" quanto à fé no transcendente – os eventos históricos seriam expressões da vontade divina. Essa ligação extremamente íntima entre o transcendente e o mundano, pouco platônica (diferente do cristianismo, que é bastante platônico), o pacto com Deus pela "Terra Prometida" e o código de ética mosaico nos ajudam a compreender como o povo "judeu" conseguiu manter, em grande medida, a unidade diante de tantas diásporas e perseguições durante milênios de história (Cf. SCLIAR, 2001).

Feitas essas ressalvas (caberiam outras tantas), ainda assim é possível fazer generalizações quanto ao caráter dissociador – natural e sobrenatural, humano e transcendente, "aquém" e "além" – que caracterizam o conhecimento religioso. Nesse tipo de conhecimento estão incluídos conjuntos de códigos de gestos, rituais, práticas, lições, que devem auxiliar os crentes a se manterem unidos ao sobrenatural, a manterem a fé.

Por fim, é importante observar que a palavra fé, a crença, é usada de maneiras diversas[44]. "Achar que", "julgar que", "ser da opinião que" são maneiras de manifestar crenças que não necessariamente pertencem a um contexto religioso. É impossível viver sem algum grau de confiança, de "fé" nas coisas. Somos seres performativos. Baseamo-nos em prognósticos nos quais acreditamos. Acredito que amanhã não cairá nenhum meteoro e que conseguirei acordar, viver minha vida etc. Uma mudança no prognóstico alteraria tudo. Quando produzo Ciência, es-

---

44 As discussões nunca são tão simples. Em geral, as palavras aparecem como unívocas, uniformes. Mas o fato é que não são. A busca da precisão conceitual através do uso das palavras é um exercício difícil. E mesmo os conceitos não são unívocos e uniformes, senão algumas poucas vezes quando encontramos algum consenso, geralmente pouco duradouro.

pero demonstrar minha tese fazendo o outro ver o que estou vendo, demonstrá-la racionalmente, com dados empíricos e adequada aplicação metodológica. Eu acredito nessa tese. Tenho fé nela! A questão é que no conhecimento religioso, a fé também exige uma verdade, uma certeza, ela exige uma justificação. Mas a maneira de obtê-la é diversa da Ciência, pois os pressupostos são diferentes. Na Ciência, nossos níveis de confiança se baseiam em evidências, repetições fenomênicas. Enquanto a "fé" científica pode ser adquirida por atos racionais, metodológicos, por pesquisas empíricas, a fé religiosa é a fé em alguém, é a fé na revelação que esse alguém traz:

> O ato de crer envolve toda a minha pessoa, razão e sentimento. Por isso a fé se testemunha. Testemunhar algo significa estarmos com todo o nosso ser por aquilo que afirmamos. Os primeiros mártires cristãos são exemplos de testemunho de fé, pois deram sua própria vida por aquilo que criam. (ZILLES, 2005, p. 28).

Bem, na verdade, em muitos casos históricos, políticos, revolucionários, cientistas, filósofos, mesmo quando não religiosos, também deram sua vida pelo que acreditavam. Neste sentido, a fé é uma aposta, seja religiosa ou científica, política, revolucionária, filosófica, artística ou o que for, que nos absorve como seres, é uma paixão que pode ser perigosa, mas cujo risco aceitamos assumir, pois certos pressupostos e expectativas de um tipo de conhecimento fazem mais sentido para nós do que outros pressupostos e expectativas.

Com efeito, são apostas diferentes, com dimensões de expectativas e métodos diferentes. A fé religiosa não é um método baseado em evidências no sentido restrito do termo, pois haveria um ocultismo sagrado por trás do natural, do real. Eu devo confiar em um ser superior que não pode me evidenciar tudo agora, já que participo de um plano além de mim, e eu nem poderia entender tudo na condição atual, material, carnal. Então, minhas "evidências" por ora não devem ultrapassar certos limites e nem serem mais importantes que a confiança, a fé, a aposta nessa autoridade divina. A dimensão da expectativa é enorme: o além, o sentido de tudo, o propósito da existência; é o oculto o mais importante, e é nele que se está apostando. A dimensão é sobrenatural e isso inclui supor o sobrenatural, o que é já uma cisão (natural/sobrenatural).[45]

Já as evidências científicas dissipam qualquer ocultismo e sua dimensão costuma ser bem mais humilde em termos de alcance. Se uma religião diz que a alma está no sangue, o cientista deverá procurá-la nos glóbulos vermelhos e brancos. Deverá identificá-la precisamente, com linguagem precisa, e se não houver evidências, ele poderá continuar crendo na alma, mas não poderá afirmar que é uma evidência natural senão dando um enorme salto. Ao resolver um problema do mundo natural, da realidade, não se pretende com isso identificar um propósito para além do que a evidência informa ou possibilita. A Ciência se limita ao fenomênico, e deve levar isso a sério. Ainda que possamos fazer um uso terrível e de enormes dimensões do conhecimento científico, como

---

45 Pode-se objetar que, nesta passagem, coloco a fé como método, sendo que as provas da existência de Deus incluem métodos racionais, como o ontológico, o cosmológico e o teleológico. Da patrística à escolástica, simplificando, teríamos ido da fé como pressuposto para o conhecimento da verdade à equivalência entre fé e razão. Ocorre que, quando a evidência natural leva a um resultado sobrenatural – aliás, bastante variado, pois cada religião faz resultar das mesmas evidências naturais as mais variadas divindades – temos aí um grande salto, uma grande aposta, de grandes dimensões, dimensões sobrenaturais. Depois que Kant diferenciou fenomênico e numênico, ficou mais difícil tanto admitir argumentos como o ontológico quanto aceitar que se possa provar racionalmente a existência de Deus. Ainda que contra Kant levantaram-se igualmente objeções, e o argumento ontológico ainda possa ser defendido – pois se Deus tem como predicado a existência necessária, cogitar Deus implica sim sua existência –, o que nos interessa é o salto do natural para o sobrenatural. Esse salto é bastante cabível na Teologia ou mesmo na Filosofia, assim como são cabíveis as circunscrições "móveis" entre natural e sobrenatural, fenomênico e numênico, observável e inobservável. Mas não é cabível na Ciência (mais atual). Então, o debate tem um contexto: o da fé como aposta e a dimensão dessa aposta. Mesmo quando Aristóteles deduzia do movimento (ato e potência) a existência de Deus como primeiro motor, a aposta não era tão grande, pois não era um Deus salvador e a alma humana não era eterna (morria com o corpo, não indo ao encontro com Deus). Era um "Deus natural". Em um exemplo mais atual, deduzir das evidências naturais leis da física tem uma dimensão e expectativa muito diversa daquela sobrenatural, que exigirá que eu mude minha vida para salvar minha alma. A questão da aposta é importante para que possamos entender melhor as distinções entre os tipos de conhecimento que nós seres humanos desenvolvemos. Distingui-los é tão importante quanto se dar conta de seus entrecruzamentos e imbricações.

bombas atômicas, não é este conhecimento, o atômico, que nos possibilitará apostarmos em uma vida eterna junto de Deus, acreditando que Deus existe e que as regras para contemplar Sua face sejam bastante claras e disponíveis nos livros tidos como sagrados, por exemplo. Menos ainda a decisão de explodir bombas atômicas, pois isso é assassinato deliberado! Ou Deus ou deuses podem ser assassinos e aprovarem o assassinato? Lamento dizer que sim. Podem. É o que informa a história das religiões e dos mitos[46] – senão deuses enquanto tais, pois honestamente não sabemos se existem, aqueles que discursam e agem em nome deles. Não obstante, a questão fundamental é que as dimensões são diferentes: uma é restrita ao mundo natural, real, enquanto outra centra sua aposta no além, no sobrenatural.

Outras apostas, sejam políticas, revolucionárias, filosóficas ou artísticas, implicariam ainda diferentes métodos, pressupostos e dimensões de expectativa. Em cada campo do conhecimento, apresentam-se diferentes esses elementos. E há sempre algum grau de crença, fé, aposta. Mas alto lá! Na verdade, para além de uma estratégia didática de exposição, não é só ao final que um tipo de conhecimento está implicado no outro. Embora sejam métodos diferentes que animam os diferentes tipos de conhecimento, a vida humana não é cindida. Está tudo implicado desde o início. Por que usar o conhecimento sobre o átomo para produzir bombas atômicas? Desde o início, a escolha científica é política, social, econômica, religiosa, mítica, artística etc. Mesmo a decisão de investir em pesquisas sobre o átomo possui esse caráter.

Falta tratar do conhecimento artístico mais pausadamente. Na arte, a forma é mais importante que o conteúdo. Dito de outra maneira, na arte o conteúdo é a forma, é a estética. A intuição, a percepção, o sentir, o pensar, tudo isso na arte deve ser revertido em objetos estéticos, em expressões em torno de formas: plásticas, sonoras, escritas, grafadas,

---

46 É bem comum que a religião seja aquela do eu, e o mito seja a religião do outro. As pessoas costumam tratar como mito a religião dos outros, enquanto ela mesma não é tratada como mito, ou isso a desqualificaria.

cênicas, performáticas e tudo que possa ampliar a percepção humana na busca do inusitado.

Em latim, *ars*, *artis* significa habilidade em articular, talento, saber fazer, e portanto, profissão, ciência, disciplina – tendência à amplificação de possibilidades de sentido, comumente ocorrida com as palavras. Essas habilidades podiam ser virtudes, as *bonae artes*, ou vícios, o mal, *malae artes*. Se pode levar ao mal, a mesma precisa conduzir ao bem, combater o mal: *ars deluditur arte* (a astúcia é lograda pela astúcia, que deriva dos *Dísticos de Catão*[47], *e tem afinidade com o provérbio: "o ladrão conhece o ladrão"). Ademais, podia referir-se à habilidade militar, do guerreiro, a disciplina militar, ou a dicendi ars*, arte oratória, a *doctrina*, o *artificium*. A arte se opunha à natureza por se diferenciar dela, ainda que para imitá-la – *naturam ducem sequetur industria* (a arte imitará a natureza). A arte é humana – daí aquilo que é artificial, aquilo que é indústria humana, produção humana, e que requer artifício, astúcia.

Não obstante, no sentido mais estrito, arte se aproxima do que chamamos atualmente de estética, pois o que busca é uma concretização expressiva em termos de forma inusitada que amplia nossas percepções, ao mesmo tempo em que se torna objeto mesmo de uma reflexão filosófica sobre o belo (reflexão que tem história), ou uma "Ciência do belo". Assim, as artes que buscam o inusitado, e não o repetitivo comercial, são caracterizadas atualmente como "belas artes":

> A arte é um *objecto estético*, feito para ser visto e apreciado pelo seu valor intrínseco. As suas características especiais fazem da arte um objecto à parte, por isso mesmo muitas vezes colocado à parte, longe da vida cotidiana, em museus, igrejas ou cavernas. E o que se entende por estético? A estética costuma ser definida como 'dizendo respeito ao que é belo'. (JANSON, 1992, p. 9, destaque do autor).

---

47 Marcus Porcius Cato, conhecido como Catão, o Velho, ou Catão, o Sensor: político e escritor romano que viveu entre 234 e 149 a.C.

Se recuarmos a Kant, o juízo do gosto é proposto como o juízo do belo, do estético, e não do lógico; e o belo é "uma finalidade sem fim":

> Para distinguir se algo é belo ou não, referimos a representação, não pelo entendimento ao objeto em vista do conhecimento, mas pela faculdade da imaginação [...] ao sujeito e ao sentimento de prazer ou desprazer. O juízo de gosto não é [...] nenhum juízo de conhecimento, por conseguinte não é lógico e sim estético, pelo qual se entende aquilo cujo fundamento de determinação *não pode ser senão subjetivo*. (KANT, 2002, p. 47-48, destaque do autor).

Belo, do ponto de vista da estética, da arte, é bastante diferente de "bonito". Bonito é algo sempre agradável. A arte, entretanto, pode chocar, ser "desagradável", e esse choque pode ser belo, pois ascende nossos sentidos para determinados temas de uma maneira inusitada, estética, formal. Mas a arte é produzida pelos artistas e esses adentram para a história da arte, realocando e propondo sentidos mais ou menos condizentes com contextos históricos, e indiretamente informando sobre as direções tomadas pelas sociedades das quais participam e para as quais propõem suas formas inusitadas, suas estéticas. Assim, cada "escola" artística proporá uma maneira de encará-la, enfrentá-la, produzi-la. Um futuro imediato para o qual uma sociedade aponta pode ser captado pelo artista, que tentará antecipá-lo por meio de sua proposta, de sua pintura, de sua poesia, de sua literatura, de sua música, de sua performance ou peça teatral. A arte enfrenta os temas humanos, inclusive aqueles ligados às transformações sociais, às revoluções, mas os enfrenta de maneira a figurá-los em um lugar especial, um universo próprio, embora isso também possa ser subvertido pela arte. Em um coletivo artístico, por exemplo, o "espectador", talvez sem o consentir, já pertence à obra. A arte nos enriquece porque nos propõe sair do lugar para compreendermos melhor o próprio lugar. Ela é uma espécie de ponto de vista arquimediano, descentrado, mas que nos remete ao centro, convidando nossa percepção a sentir o que não poderia ser sentido de outra forma que não através desse deslocamento.

Métodos e as teorias da verdade

Devemos agora nos deter sobre a questão dos métodos. São os métodos científicos os diferenciais, por excelência, desse tipo de conhecimento. Eles é que devem validar as verdades científicas e por isso são fundamentais. O cientista deve "se apossar" do método e, portanto, saber pensar e pesquisar como um cientista. É isso que o qualifica como tal.

O cientista busca a verdade a partir de certas bases e pressupostos aqui já discutidos: razão, sistematicidade, validação empírica, baseada na positividade-efetividade dos fenômenos observáveis (direta ou indiretamente), precisão, linguagem rigorosa, afastamento do pensamento mítico etc. Tudo isso sendo aplicado ao mesmo tempo em que o cientista deve se colocar em suspenso, questionar-se, verificar epistemologicamente o quanto tal conhecimento é de fato válido, afirmável, questionável, refutável, ou que ainda pode avançar, funcionar e servir de parâmetro para propostas de novos estudos científicos. Some-se a isso tudo o fato de que a Ciência só pode ser produzida na história, mediante relações sociais, econômicas, políticas etc.

Não é de hoje que o sentido e a validação da "verdade" são objetos de diferentes compreensões e polêmicas. "*Quid est veritas?*"[48] "Verdade" deriva do latim *veritate, veritas, vērĭtas, vērĭtātis*: conformidade com o real. Na língua grega, αλήθεια (foneticamente: *alítheia*). Há uma antiga gnoma de Eurípedes[49] que encontramos na tragédia "As Fenícias" (c.410 a.C.) a qual diz: "Ἁπλοῦς ὁ μῦθος τῆς ἀληθείας ἔφυ" – "A exposição da verdade não tem duplicidades". Ela seria simples inicialmente, bastando corresponder ao real, ao fato, à vida. Isso feito, ela seria unívoca, simples e lógica. Mas ela traz conflitos, pode se opor ou se sobrepor à amizade, como no célebre trecho da *Ética para Nicômaco*, "ἀμφοῖν γὰρ ὄντοιν φίλοιν ὅσιον προτιμᾶν τὴν ἀλήθειαν" ("embora ambos me sejam caros, é sagrado privilegiar a verdade"), escrita por Aristóteles e que teria dado origem ao provérbio "*Amicus Plato, sed magis amica veritas*" ("Platão é amigo, mas a verdade é mais amiga"), assim como a outros provérbios e gnomas do gênero. A verdade pode opor o indivíduo a si mesmo em uma crise de consciência, pois é difícil fazer as necessidades práticas meramente se dobrarem à verdade, assim como é difícil feri-la por muito tempo, pois "*veritatem laborare nimis saepe... exstingui numquam*" ("a verdade com grande frequência sofre, mas nunca se extingue")[50], já que "Πάντ᾽ ἐκκαλύπτων ὁ χρόνος εἰς <τὸ> φῶς

---

48 Essa pergunta "*Quid est veritas?*" ("O que é verdade?") teria sido uma resposta de Pilatos a Jesus (*Evangelho segundo São João*, capítulo 18, hemistíquio do versículo 38) mediante a afirmação de Jesus de que veio testemunhar a Verdade. Para Jesus, a Verdade é de conteúdo teológico, divina, absoluta, encarnada por ele próprio na condição de Filho de Deus – "Meu reino não é deste mundo" (*Evangelho segundo São João*, capítulo 18, hemistíquio do versículo 36). Para Pilatos, seguindo o pensamento grego, a verdade se vinculava a dados objetivos, correspondendo a esses, em conformidade com esses. Pilatos não teria se alongado no assunto; não vendo crime algum em Jesus foi consultar os judeus: "Não encontro nele nenhum motivo de condenação. É costume entre vós que eu vos solte um preso, na Páscoa. Quereis que vos solte o rei dos judeus?" (*Evangelho segundo São João*, capítulo 18, hemistíquios dos versículos 38-39, BÍBLIA DE JERUSALÉM, 2015, p. 1890).

49 Poeta grego que viveu entre c.480 a.C. e 406 a.C.

50 Esse preceito é de Quinto Fábio Máximo (280-203 a.C.) e foi exposto por Tito Lívio (59 a.C. - 17 d.C.). O motivo é encontrado na obra clássica de Políbio (geógrafo e historiador grego,

ἄγει" ("O tempo tudo revela e elucida")[51], porque *"veritas filia temporis"* ("A verdade é filha do tempo")[52] e " Ψευδόμενος οὐδεὶς λανθάνει πολὺν χρόνον"("Nenhum mentiroso passa incólume por muito tempo")[53]. (cf. TOSI, 2000, *passim*).

Essa noção de verdade como correspondência entre afirmação ou negação e realidade da qual se discorre, verdade que acabaria por se impor (tal como é comum nas gnomas), tornou-se "clássica", comum. Podemos chamá-la de teoria da correspondência ou teoria da adequação. Mas não é a única. Ao mesmo tempo, a questão da verdade é fundamental para a Ciência, assim como para a Filosofia.[54] Esse tema não está concluído, haja vista que varia segundo correntes filosóficas[55]

220-146 a.C.), "Histórias" (Cf. TOSI, 2000, p. 138).

51 Gnoma atribuída a Sófocles (dramaturgo grego, 496 - 406 a.C.).

52 Sendo uma das variações do tema da verdade, esse aforismo é derivado de trecho da obra *Noctes Atticae* ("Noites Áticas"), de Aulo Gélio (jurista, gramático e escritor romano, 130-180 d.C.), escrita em 20 volumes.

53 Trata-se de um monóstico de Menandro – dramaturgo grego que viveu entre 342 e 291 a.C, tido como principal autor da "Comédia Nova".

54 Pensemos novamente no início da Filosofia: ser "amigo da sabedoria" implicava ser "amigo da verdade". Platão chamava de verdadeiros filósofos aqueles que amavam a verdade. Até hoje, a verdade é objeto de estudo tanto na Lógica quanto na Metafísica e na Teoria do Conhecimento.

55 Esse leque de possibilidades vai da afirmação da capacidade humana de conhecer verdades objetivas até o ceticismo ou, no mínimo, até um substancial deslocamento da questão. Nietzsche (1844-1900), por exemplo, até hoje inspira o ceticismo relativamente à questão da verdade, deslocando-a. A humanidade está cindida entre homens incapazes de suportar a "morte de Deus", aprisionados em falsos valores, em verdades recalcadas, em respostas apaziguadoras, confortáveis, e homens capazes de se desembaraçar da ideia de Deus e criarem seus próprios valores de afirmação da vida, cientes de que estão a fazer exatamente isso. Nietzsche é implacável: "O que é, pois, a verdade? Um exército móvel de metáforas, metonímias, antropomorfismos, numa palavra, uma soma de relações humanas que foram realçadas poética e retoricamente, transpostas e adornadas, e que, após uma longa utilização, parecem a um povo consolidadas, canônicas e obrigatórias: as verdades são ilusões das quais se esqueceu que elas assim o são, metáforas que se tornaram desgastadas e sem força sensível, moedas que perderam seu troquel e agora são levadas em conta apenas como metal, e não mais como moedas." (NIETZSCHE, 2007, p. 36-37). Devemos assumir que tudo é uma fábula diante de um insuperável vazio, e que portanto, não se trata de substituir valores supremos por outros valores supremos. Essa seria uma atmosfera niilista animada pela obra nietzschiana.

e científicas – nas ciências humanas especialmente, mas também não raro nas ciências "exatas" e biológicas.[56]

Precisamos então, diminuir a indeterminação e delimitar o conceito de verdade dentro do campo científico, relacionando-o com os métodos científicos, tomando tais métodos como procedimentos que nos permitiriam constatar a existência de verdades, além de podermos detectá-las. E desde já assumamos que procedimentos estão sujeitos a condições históricas que amparam certas condições de verdade – se um tipo específico de "pescaria" (método) é ou não possível naquele ou neste momento, ou quais paradigmas, quais inteligibilidades estão implicadas em cada momento científico. É por isso que a Ciência e os métodos científicos possuem história, e há teorias que tentam explicar o que é a verdade, qual a sua natureza.

Podemos destacar a teoria da correspondência ou da adequação (citada anteriormente), a teoria da coerência, a teoria do consenso e a teoria pragmática.

---

56 É comum nas Ciências humanas o fato de haver pesquisadores que negam o caráter "científico" daquilo que fazem, não vendo nessa negação algo que desabone essas "Ciências", as quais estariam, para eles, mais próximas da arte, da literatura, de uma linguagem bastante específica etc. O fato de os objetos de estudo das Ciências humanas serem móveis e performáticos dificulta os determinismos científicos e certos critérios de validação da verdade. Também as ideologias, paradigmas, pressupostos, experiência de vida, religiosidade etc., circunstanciariam e afetariam derradeiramente as "interpretações"; por isso, morreriam em si mesmas. Se os próprios cientistas das humanidades se perguntam se de fato fazem Ciência ou alguma outra coisa (tantas vezes preferindo a segunda possibilidade), veremos que os "cientistas das chamadas ciências exatas frequentemente se riem de seus companheiros das ciências humanas e chegam a perguntar se tais ciências são mesmo ciências. A questão, entretanto, está mal abordada. O rigor das ciências da natureza não se deve, em absoluto, a que elas sejam mais rigorosas e seus métodos mais precisos. Acontece que o bicho com que lidam é muito doméstico, manso, destituído de imaginação, faz sempre as mesmas coisas, em uma rotina enlouquecedora, frequenta os mesmos lugares. Tanto assim que é possível prever onde estarão Terra, Sol e Lua daqui a 100 mil anos." (ALVES, 2012, p. 109). Afinal, a produção científica é como uma pescaria, sendo "mais fácil montar uma armadilha para uma tropa em ordem-unida que para um bailarino", já que "nas ciências humanas, como no balé, é impossível prever o próximo passo" e só somos sábios "depois de as coisas acontecerem" (ALVES, 2012, p. 112).

Na teoria da correspondência, a realidade existiria fora da proposição que deve descrevê-la de maneira adequada, em conformidade com ela. Caso não o fizer, aquela proposição não será validada. A estrutura do mundo seria independente do pensamento; os objetos do conhecimento existiriam em si mesmos, enquanto o sujeito do conhecimento deve se submeter aos "dados". Os princípios desta teoria são bastante antigos e se tornaram comuns até hoje. Tomás de Aquino a formulou mais sistematicamente oferecendo a teoria sua definição clássica: "*Veritas est adaequatio rei et intellectus*" ("A verdade é a conformidade do pensamento à coisa").

Os lógicos do séc. XX também usaram a teoria da correspondência.[57] Pretenderam "depurar" a verdade de qualquer hipótese ou fundamento metafísico que a "contaminasse". A verdade teria de independer da metafísica. Precisamos regressar sempre à realidade para validar a proposição. Basicamente, precisamos pressupor que temos o conhecimento intuitivo da realidade, embora seja um tanto inexplicável em si mesmo – seria algo no sujeito do conhecimento que é efeito do fato de o sujeito também pertencer à realidade –, vale-nos como capaz de validar proposições. Nessa intuição fica implicada nossa linguagem, que é a proposição em si. "Chove" é uma proposição que pode ser verdadeira, se estiver chovendo. Mas ainda sei pouco sobre a chuva, se não houver proposições sobre a chuva que se sucedem àquela e que sejam validadas em novos retornos à realidade – uma pescaria potencialmente sem fim.

O limite da teoria da correspondência reside no fato de que há certas distâncias entre nossa consciência e o mundo, entre a linguagem e a realidade, pois são elementos heterogêneos. No interlúdio, como evitar completamente a metafísica, no caso posto de que esta contaminaria a verdade? Há sempre espaço para certos pressupostos que não deixam de serem saltos, apostas!

---

57 Destaca-se o lógico Alfred Tarski (1902-1983). Cf. TARSKI, Alfred. The semantic conception of truth and the foundation of semantics. In: **Philosophy and Phenomenological Research**, v. 4, p. 341-375, 1944.

Outra referência importante é a teoria da coerência. Nessa teoria, o foco é o pensar, a subjetividade, a natureza dessa subjetividade em termos de qual é o seu alcance na composição da verdade, isto é, seu alcance para a validação da verdade. A ênfase reside na coerência dentro de um sistema de verdades estabelecidas sem contradições de pensamento, sem contradições lógicas. Possivelmente, é Gottfried Wilhelm Leibniz (1646-1716) o pai dessa teoria quando, por exemplo, para o problema do acesso ao conhecimento, falava das cadeias de razões; a matemática permitiria a determinação do que é possível de ser real, verdadeiro, mas ela própria não provaria o real; este seria revelado pela experiência. Com efeito, haveria um princípio superior que Leibniz chamava de "razão suficiente". Esse princípio refere-se à divindade que regula o ótimo do real, o melhor dos mundos possíveis, pois Deus não poderia ter feito melhor; assente, portanto, na Criação efetivada com base em uma "harmonia preestabelecida". Haveria uma ordem, uma conexão entre os objetos reais, as mônadas; essa conexão composta pela divindade teria coerência:

> As vontades ou ações de Deus dividem-se geralmente em ordinárias e extraordinárias. Mas é bom considerar que Deus não faz nada fora de ordem, e, assim, o que temos por extraordinário o é somente perante uma ordem particular estabelecida pelas criaturas. Quanto à ordem universal, tudo lhe é conforme. E isso é tão verdadeiro que não só não sucede de uma coisa absolutamente irregular vir ao mundo, mas também nem sequer é possível imaginar algo assim [...] Podemos dizer, assim, que o mundo, qualquer que fosse o modo como Deus o criasse, seria sempre regular e conforme a certa ordem geral. Mas Deus também quis fazê-lo o mais perfeito, isto é, um mundo que fosse, ao mesmo tempo, o mais simples em hipóteses e o mais rico em fenômenos [...] (LEIBNIZ, 2009, p. 47-48).

Essa coerência anima uma convicção em torno da delimitação do âmbito da verdade:

A verdade de um juízo ou de uma proposição consiste na coerência desse juízo ou proposição com o sistema em que se insere. Portanto, a verdade não se refere, primariamente, ao objeto, mas ao sistema. Se uma proposição é verdadeira ou falsa, depende da coerência como se relaciona com outras proposições da mesma teoria (ZILLES, 2005, p. 134).

A teoria consensual da verdade foca no acordo entre os indivíduos de uma determinada comunidade, em especial, a científica. Foca no que é justificável para essa comunidade na sua forma de encarar o real, na sua maneira de validar as proposições sobre o real. A verdade é um resultado intersubjetivo de diálogo, pois o conhecimento de um indivíduo que a conhece depende de outros indivíduos que também a conhecem.

Foi Jürgen Habermas (1929-) quem praticamente sistematizou essa teoria. Sinteticamente, toda proposição em uma estrutura de expressão linguística estaria prenha de uma pretensão de validade; precisam-se convencer os outros de que tal proposição é verdadeira, a partir de uma argumentação cujas regras são comuns e aceitas pelos participantes do discurso. As relações entre os participantes precisam ser simétricas, para que não haja coerção, apenas argumentação fundamentada – tem de haver um consenso no plano discursivo e é assim que a verdade é ou não validada. São atos de entendimento em determinados "espaços sociais e tempos históricos".[58]

Com o risco de simplificar um pouco a teoria, se é válida a proposição, se conseguiu atingir esse nível em uma estrutura de expressão linguística, em um espaço social e em um tempo histórico, então é verdade. O problema é que erros também podem ser consensuais, e foi assim que Galileu Galilei (1564-1642), que estava mais certo que os

---

58 Trata-se da chamada teoria do agir comunicativo. Afirma Habermas (2012, vol.1, p.479): "Para uma teoria do agir comunicativo, só são instrutivas as teorias analíticas do significado que começam a abordagem pela estrutura da expressão linguística, em vez de começá-la pelas intenções dos falantes. Dessa maneira, a teoria se mantém atenta ao problema de como ligar umas às outras as ações de vários atores, com a ajuda do mecanismo de entendimento; isto é, como se podem situar tais ações em uma rede de espaços sociais e tempos históricos".

outros, quase foi condenado à morte por causa das suas proposições. Habermas, entretanto, poderia responder à objeção afirmando que ali as relações eram assimétricas – Galileu foi coagido. Mas, ainda assim, quando é mesmo possível tal situação ideal e simétrica de argumentação? A princípio, em um horizonte ainda não atingido. Ainda que houvesse por si, é bastante questionável se pode-se validar uma verdade sem recorrer à realidade, à experiência, ao objeto, embora também seja igualmente questionável se conseguimos recorrer a tudo isso sem ser de maneira intersubjetiva, sem ser em uma estrutura de expressão essencialmente linguística.

Na teoria pragmática, para uma proposição ou conjunto de proposições ser considerado verdadeiro, deve-se considerar o resultado na aplicação prática – a verdade é medida pelo quanto funciona a teoria, o quão útil ela é. O verdadeiro é o útil, e o útil é o que é bom para a vida. Verdade é útil, vantajosa, é oportunidade. "Confunde-se uma categoria teórica com uma categoria ético-prática" (ZILLES, 2005, p. 136). De alguma maneira, o que quer que um objeto tenha de essência isso irá se expressar efetivamente no seu comportamento.

Dessa maneira, as proposições que são úteis e concordantes com a experiência serão as verdadeiras. É verdadeiro o que produz efeito positivo em nossa vida. Devemos dar mais importância aos efeitos, às consequências de uma ação, de um objeto, que aos pressupostos teóricos. O problema é que confundir verdade com utilidade leva a problemas, como saber o que é bom, para quê e para quem, pois também há antagonismos na sociedade. O mesmo ocorre com esta ou aquela crença, boa para quem e em quais circunstâncias? Tal "bondade", "utilidade", pode não ser tão universal. Além disso, acreditar em Deus pode causar efeitos positivos nas pessoas, mas isso por si só não implica que seja verdade que Deus exista.

Encontramos filiados à teoria pragmática especialmente nos EUA: Charles Sanders Peirce (1839-1914), William James (1842-1910), Ferdinand Canning Scott Schiller (1864-1937) e John Dewey (1859-1952). Não obstante, podemos encontrar pressupostos pragmáticos em outras correntes de pensamento, como no marxismo, no qual não deixa de haver uma teoria pragmática da verdade, pois a noção de práxis é fundamental nessa linha teórica. O trabalho humano transforma o ser humano e o que é coextensivo ao humano, ou seja, sua prática é compreensível, inteligível de tal maneira que a prática deve ser o critério da verdade.[59]

O aspecto problemático da construção do conhecimento científico continua. Digamos que a verdade não se confunde com consenso nem com utilidade, nem completamente com a correspondência ou com a coerência, embora tudo isso tenha relação com a verdade. A verdade é o resultado momentâneo de que somos capazes no contexto científico, no contexto dos métodos que temos, pois sempre estamos sujeitos a novas dúvidas na Ciência, na investigação. Todo cientista quer um conhecimento verdadeiro, mas ao mesmo tempo deve se perguntar sobre o que é a verdade e o que é o conhecimento. A Ciência pode se colocar constantemente em suspenso. A cada momento uma proposição, para ser verdadeira, precisa ter a capacidade de consenso entre os cientistas, precisa ser coerente e adequada à realidade, ou suspeitaremos de que seja falsa, porém será uma aproximação momentânea e satisfatória ao mesmo tempo.

Diante da complexidade implicada na construção do conhecimento científico, o cientista não tem outro caminho senão lidar com a questão da produção de um conhecimento verdadeiro, válido, senão através dos métodos racionais.

A palavra *método* deriva do latim tardio *methŏdus*, derivado, por sua vez, do grego μέθοδος (*méthodos*), composto por dois étimos: μετά (*metá*), que significa "depois de", "a seguir a", e οδός (*odós*), que significa "rua", mas em um sentido figurativo, "via" ou "caminho". Ou seja, depois de percorrida a via, o caminho, espera-se um resultado. No caso científico, seria um conjunto de procedimentos racionais cujas regras garantiriam o objetivo de se atingir a verdade. É a "ordem que se segue

---

59 Como afirma Marx e Engels na oitava tese sobre Feurbach: "Toda vida social é essencialmente *prática*. Todos os critérios que conduzem ao misticismo encontram sua solução racional na práxis humana e na compreensão dessa práxis" (2001, p. 102).

na investigação da verdade, no estudo de uma ciência ou para alcançar um fim determinado" (CUNHA, 2010, p. 424). O cientista ao usar um método, está a preparar "armadilhas" que captariam o comportamento dos objetos de seu interesse. Mas o cientista não pode fazer isso sem um conhecimento profundo e extenso acerca de seu objeto, de seu tema de estudo, de sua área de atuação. Ele precisa conhecer a extensão dos próprios métodos e que tipo de resultado esperar destes, além de saber aplicá-los de maneira adequada. Ele precisa de conhecimentos científicos adquiridos, de treinamento científico. Ao longo do desenvolvimento da Ciência, foram experimentados vários métodos, de maneira que esse treinamento científico deve incluir o aprendizado desses procedimentos. Há procedimentos bastante específicos de cada área, mas ao mesmo tempo há aqueles básicos, usados em todas as áreas, praticamente o que os torna comuns.

Aqui vamos destacar os métodos indutivo, dedutivo, hipotético-dedutivo e dialético. Tais métodos são considerados básicos e comuns. Os métodos indutivo, dedutivo e hipotético-dedutivo são três tipos básicos de raciocínio assim considerados pela Lógica (OLIVEIRA NETTO, 2008, p. 24); aqui apenas nos interessam os métodos racionais. O método dialético tem raiz platônica, a chamada maiêutica, quando Sócrates e Platão usavam um crescente rigor lógico para refutar as opiniões do "senso comum", até que essas mostrassem suas contradições. O *logos* – a verdade – seria atingido ao focar a superação dessas contradições. Mais atualmente, o método dialético envolve uma lógica que considera que toda afirmação de um sistema implica que tal sistema carrega em si mesmo o germe de sua negação, de forma que o sistema de hipóteses precisa ser construído com base na anulação do sistema anterior.[60]

Essas operações básicas de raciocínio metodológico abrangem muitos métodos mais específicos. Oliveira Netto (2008, p.33-37) cita os seguintes métodos mais utilizados: histórico ou de revisão teórica; comparativo; monográfico ou estudo de caso; método do caso; estatístico;

---

60 O método dialético mais atual se filia à Filosofia hegeliana, embora no marxismo dialético haja a crítica aos limites do sistema hegeliano. Cf. MARX, ENGELS, 2001.

tipológico; funcionalista; estruturalista; sistêmico; fenomenológico; método da prolongação; morfológico; teratológico; método de matrizes de descobertas; aplicação direta de uma teoria; método ecológico; formal; compreensivo; método da concordância; método da diferença ou plano clássico de provas; método conjunto de concordância e diferença; método dos resíduos; da variação concomitante; método crítico (dialético); da inovação; da Prolongação; Brainstorming.

O método indutivo envolve um raciocínio que parte do fenômeno singular, do fato, acumulando resultados de maneira a atingir uma generalização, leis e teorias. Vai do particular ao geral. Os fenômenos individuais começam a revelar regularidades que permitirão o estabelecimento da verdade em uma generalização. Embora suas conclusões possam não ser definitivas, são passíveis de aceitação, consenso, especialmente quando há grande número de observações que amparam as conclusões. É um método que se torna probabilístico e experimental. Assim, se todos os gatos observados possuíam coração, logo todos os gatos têm coração, sendo isso provavelmente verdadeiro. Evito as premissas.

Entretanto, as premissas aparecem como particularidades baseadas em um número finito de observações de eventos passados. O problema é o "salto indutivo": como garantir o padrão a partir de particulares finitos? E se o curso da natureza mudar? Se os padrões se revelarem ineficientes para predição do futuro? Estamos diante de uma ameaça a todo o conhecimento científico, já que os resultados da indução podem ser falsificados por ocorrências futuras.

Mediante tal questão, Karl Popper (1902-1994) insistiu que a Ciência é baseada não meramente na evidência empírica, como se defendia, mas no refutável, e nisso difere de outros tipos ou níveis de conhecimento. A principal contribuição de Popper foi a formulação da noção de falsificabilidade, proposta como fulcro para caracterizar uma teoria como científica ou não científica, e assim superar a impossibilidade de uma verificação definitiva, que seria o limite do método indutivo. As teorias científicas se desenvolvem por meio da possibilidade de se falsificar uma hipótese, o que permite a correção cuja base é a evidência empírica, ao mesmo passo em que se reconhece que nenhuma teoria poderia ser uma forma conclusiva de conhecimento. Não há a certeza definitiva. A Ciência é um conhecimento conjectural, pois toda teoria está sujeita a uma eventual refutação posterior (POPPER, 1975).

Ou seja, Popper dispensa a indução como prova de que uma teoria está certa. Ela reforça a confiança de que a teoria pode estar certa, haja vista que funcionaria bem para muitos casos (Bayes vai quantificar isso). Popper prefere defender que o que os cientistas fazem é uma teoria conjectural inicialmente não verificada, para depois colocarem-na à prova, disponibilizada para a refutabilidade. É necessário um contraexemplo para provar que uma teoria está errada. Se falseada, o cientista buscará alternativas, senão a teoria continuará sendo sustentada, mantendo-se como uma conjectura não falseada, e não como uma verdade provada e definitiva. As inferências científicas são, portanto, dedutivas, de forma que se um elemento negar a premissa, a conclusão será outra, já que a exceção derruba a regra. De fato, é mais fácil refutar que provar. Fato é que a Ciência utiliza ambos os métodos (indutivo e dedutivo), e as inferências são neles baseadas. Não obstante, nem pela indução, nem pela dedução uma teoria é provada – é apenas corroborada, fortalecida temporariamente.

Com efeito, o acúmulo de indícios conduz a teoria a uma verdade que vai se estabelecendo. No método indutivo, as teorias são propositivas e valorizam a hipótese. Teorias são conjecturas que foram confirmadas. Portanto, a indução, embora tenha seus limites, possui sua importância. Acumulamos indícios a favor de uma conclusão, de uma verdade. Não obstante, novamente, só pode ser uma verdade momentânea. Precisamos ver se é satisfatória. Imaginemos um cientista em um labirinto.[61] Os indícios a favor seriam os caminhos, as soluções que se encontram em aberto, que prometem que o cientista encontre a saída, enquanto os indícios contra são aqueles que logo esbarram em um beco sem saída. Não obstante, nada garante ao cientista que suas soluções

---

61 Empresto de Alves (2012, p. 202) o exemplo do labirinto.

momentâneas levem-no a encontrar a saída do labirinto. São satisfatórias para cada momento, quando ainda aparecem como promessa de que poderá encontrar a saída. Com efeito, tais saídas momentâneas, tais soluções momentâneas, tais verdades, ainda que momentâneas, são igualmente conhecimento.

Para que a Ciência seja propositiva, o método indutivo pode ser indispensável. Nessa esteira, não faltaram esforços para se resolver o problema da indução. Thomas Bayes (c.1701-1761) inspirou a ideia de grau percentual de crença em teorias científicas, em proposições. São probabilidades matemáticas que levam em conta a subjetividade. Essa subjetividade interfere no grau de crença, mas os bayesianos afirmam que isso não desqualifica seu modelo desde que se reconsidere os graus de crença de forma racional, satisfazendo os axiomas do cálculo que indica a probabilidade. Trata-se do chamado "Teorema de Bayes" (PENA, 2006, p. 28). Podemos representá-lo da seguinte forma:

$$\text{Prob}(H/I) = \text{Prob}(H) \times \text{Prob}(I/H)/\text{Prob}(I)$$

H é uma hipótese. I é indício descoberto. I deve ajustar o grau de crença em H. H aumenta na medida em que I é provável com H e improvável de outro modo. O resultado máximo da crença é de 1,0 ou 100%. Indícios devem alterar o grau de crença, principalmente quando reforçam a proposição de uma teoria. Na medida em que os indícios só confirmam o alto grau da crença, convencido de uma lei, um cientista vai deixando de recolher exemplos em apoio da teoria. Ou seja, estaria resolvido o problema da indução, pois exemplos positivos tornam nossas crenças mais racionais, dão crédito a determinada teoria.[62]

De outra face, Bayes não elimina entre os cientistas seus diferentes graus de crenças, embora apele à convergência de opinião, ao reconsi-

---

62 Pena (2006, p. 29) aduz que "[...] o teorema de Bayes liga a inferência racional (a probabilidade *a posteriori*), no lado esquerdo da equação, à subjetividade (probabilidade *a priori*) e à experiência empírica (probabilidades condicionais), ambas no lado direito. Como escrito poeticamente por Eliezer Yudkowski, o teorema de Bayes liga a razão humana ao universo físico".

derar. Os bayesianos alegam que mesmo se partindo de formas diferentes de observação, chegar-se-ia em uma convergência. Ocorre que essa convergência final pode não ocorrer. Também se fica por explicar por que há os irracionais; eles simplesmente existem. A indução continua um problema, afinal não está mostrado por que os pensadores racionais (ao menos) não têm outra saída senão esperarem que o futuro seja igual ao passado. Mas, e caso não seja?

O método dedutivo realiza o processo lógico contrário ao método indutivo. No dedutivo, parte-se de leis e teorias para se compreender fenômenos particulares, para gerar hipóteses sobre fenômenos singulares, fatos individualizados. Vai do geral ao particular. As premissas teóricas são, neste método, essenciais, pois é a partir delas que se validam as conclusões como verdadeiras. A verdade estava implícita nas premissas.

O método hipotético-dedutivo implica um procedimento lógico que foca na possibilidade de lacunas na construção de um conhecimento, propondo testes dedutivos para preencher tais lacunas. Neste método, com base na teoria, formulam-se hipóteses dedutíveis que servem para fazer previsões acerca do comportamento do objeto. Essas previsões poderiam ser confirmadas ou refutadas. Tal método se relaciona com as contribuições de Karl Popper, para quem a Ciência é uma sequência de conjecturas e refutações, e novas hipóteses substituem hipóteses falsificadas pelas evidências empíricas.

O conhecimento científico seria superior à superstição, porque se dispõe a passar pelo teste, embora também dependa de certa adivinhação. Este é, para Popper, o "problema da demarcação" (POPPER, 1975, em especial o capítulo 2): a Ciência se coloca em termos precisos, com predições claras, enquanto os sistemas de crenças são vagos, e por isso não se põem à prova. O detentor de uma crença se nega a admitir que está errado mesmo diante de uma evidência empírica. Pelo critério da falseabilidade, Popper caracteriza as "pseudo-ciências": marxismo e psicanálise, por exemplo, pois fazer manobras para fugir do teste, da prova empírica, seria um procedimento não científico.

Ao superar da forma como faz o problema da indução, Popper dá conta da produção do conhecimento apenas pela negativa, pelo refutável, e aqui começam as falhas e limites do falseacionismo popperiano. Ele pode mostrar que uma teoria está errada, mas não que está certa. Ocorre, no entanto, que a Ciência é também propositiva, ela precisa de um programa de proposições. Como observa Max Black (apud LAKATOS; MARCONI, 1991, p. 55), a Ciência não deve "limitar-se à eliminação do erro, sem ser progressiva descoberta ou aproximação à verdade".

Objetado nessa direção, Popper observava que se limitava à lógica, não à prática científica. Resposta certamente insuficiente, pois ao propor que não temos bases racionais para "acreditarmos" nas predições das teorias científicas, reduzidas a conjecturas, como emitir juízos sobre o futuro que sejam racionais ou mais racionais que outros juízos? Se qualquer indício do passado não torna uma crença sobre o futuro mais racional que a outra, seria igualmente racional acreditarmos que, se alguém plantar uma semente de milho, nascerá uma seringueira ao invés do milho. Contudo, vale a ideia de Popper de que tomar a teoria como falseável, conjectura disponibilizada para o teste empírico, é investir na sua precisão.

Thomas Kuhn se contrapôs à teoria popperiana, especialmente por ser baseada na negatividade, na refutabilidade. Kuhn sustenta que o empreendimento científico é caracterizado pela prática real dos cientistas, e não por postulações abstratas. O que daria base à Ciência seria o *paradigma* (exemplo, padrão). Este é propositivo, positivo e estabelece programas para novas pesquisas. O paradigma se torna um processo composto por certa tradição na maneira de formular e de resolver problemas no interior de uma mesma teoria. O paradigma dá as bases para o treinamento científico, com métodos e técnicas que foram consagrados pela comunidade científica.

Assim é que existiriam as Ciências "maduras", as quais atingem o estágio paradigmático, que possuem teorias capazes de solucionar inúmeros problemas de pesquisa, que acumulam conhecimento. Existiriam também as Ciências "imaturas", que não dispõem de uma única teoria, que não desenvolveram metodologias capazes de fundamentar as atividades de pesquisadores. Neste caso, diferentes grupos de cientistas procedem e interpretam de maneiras distintas, persistindo sérios desacordos teóricos em razão da falta de um paradigma que torne objetivos seus trabalhos. Esse problema seria bastante comum nas Ciências sociais, por exemplo.

Na formulação de Kuhn, a Ciência acumula conhecimentos no interior de um paradigma até esgotá-lo. Começa a ocorrer acúmulo de "anomalias", eventos que não podem ser explicados por determinado paradigma. Eis o momento da "revolução científica", quando uma nova teoria que dá conta daquilo que era anomalia há pouco se torna o novo paradigma da comunidade científica.

> Existem, em princípio, somente três tipos de fenômenos a propósito dos quais pode ser desenvolvida uma nova teoria. O primeiro tipo compreende os fenômenos já bem explicados pelos paradigmas existentes. Tais fenômenos raramente fornecem motivos ou um ponto de partida para a construção de uma teoria. Quando o fazem [...], as teorias resultantes raramente são aceitas, visto que a natureza não proporciona nenhuma base para uma discriminação entre as alternativas. Uma segunda classe de fenômenos compreende aqueles cuja natureza é indicada pelos paradigmas existentes, mas cujos detalhes somente podem ser entendidos após uma maior articulação da teoria. Os cientistas dirigem a maior parte de sua pesquisa a esses fenômenos, mas tal pesquisa visa antes à articulação dos paradigmas existentes do que à invenção de novos. Somente quando esses esforços de articulação fracassam é que os cientistas encontram o terceiro tipo de fenômeno: as anomalias reconhecidas, cujo traço característico é a sua recusa obstinada a serem assimiladas aos paradigmas existentes. Apenas esse último tipo de fenômeno faz surgir novas teorias. Os paradigmas fornecem a todos os fenômenos (exceção feita às anomalias), um

lugar no campo visual do cientista, lugar esse determinado pela teoria (KUHN, 2003, p. 131, destaque do autor).

A progressão científica ocorreria de fato nas passagens de um paradigma para outro, nas revoluções científicas. Essa postura abre caminho para que se pense a Ciência em uma perspectiva histórica, sociológica, psicológica, mais que pensá-la sob a égide dos primeiros princípios, dos conteúdos normativos ou da lógica.

No caso do método dialético – que remonta à Grécia Antiga – podemos falar de suas características principais, consideravelmente aplicadas até hoje, especialmente nas Ciências humanas e sociais, recorrendo ao hegelianismo e ao marxismo.[63] A principal característica do pensamento dialético hegeliano (e marxista também neste caso) é a prerrogativa da contradição – é a lógica do conflito, em Hegel em uma concepção idealista; em Marx, em uma concepção materialista.

No idealismo de Hegel, a dialética é razão e processo. Ela é espírito, mas um espírito que só é o que é no processo da razão que o autogera, que o autodiferencia e que, ao mesmo tempo, o autoparticulariza. Assim é que a fenomenologia do espírito é sua própria história. Ideias, crenças, modos de vida, sistemas, encontram seus opostos contra os quais conflitam. Surgem sínteses das lutas entre contrários, porque a verdade reside no conflito dialético – um polo revela o outro. A ênfase reside nas contradições internas, nos opostos, na afirmação, negação, nova afirmação, ou tese, antítese, síntese – a superação do conflito conduz a humanidade ao Espírito Absoluto, à unidade perfeita. Assim é que a verdade parcial da tese, na sua realização conflituosa com a an-

---

63 Como referido, o método dialético possui uma longa história. August Thalheimer apud Lakatos e Marconi (1991, p. 74) propõe quatro fases pelas quais o método dialético teria passado: 1) filósofos jônicos, especialmente Heráclito – "Tudo flui" –, a dialética da sucessão; 2) Aristóteles, que critica Heráclito ao propor uma dialética da coexistência; 3) Hegel, que desenvolveu a dialética da sucessão heraclitiana articulando-a à dialética da coexistência aristotélica, sintetizando uma "dialética histórica idealista"; 4) Karl Marx (1818-1883) e Friedrich Engels (1820-1895), que desenvolveram uma dialética materialista – a materialidade das relações (e não a idealidade, que seria excrescência das práticas materiais e não prerrogativa dessas) possuiria natureza dialética, contraditória.

títese, faz surgir uma nova verdade mais perfeita, uma síntese, ainda parcial, porém mais elevada e mais próxima do absoluto. O próprio sistema hegeliano era visto por Hegel como uma superação (*Aufhebung*) do sistema kantiano, e que também seria superado por novas sínteses dialéticas.

A consciência seria determinada em devir, o devir que ela contém em si mesma. Essa consciência coincide com as correntes do pensamento ocidental, que ilustrariam os momentos da vida do Espírito. São então, etapas do conflito dialético vivido pelo espírito e "materializado" na história: os gregos trágicos, os romanos entre a subjetividade pessoal e a objetividade universal, os medievais ascetas, o moderno renascentismo, o Iluminismo, a Revolução Francesa, depois o Terror... Sempre a superação, a síntese dialética como uma nova afirmação que novamente é devir (HEGEL, 1992).[64]

A realidade superior refere-se a uma dialética ascendente, Deus, o Espírito Absoluto, enquanto uma dialética descendente é manifesta no mundo fenomenal. Os homens ao fazerem história dialeticamente, levando adiante suas ideias em conflito com ideias opostas, materializando-as, realizam fenomenalmente o espírito absoluto. Há uma escato-

---

64 O método dialético em Hegel é um "pressuposto a partir da *Lógica*. É o método segundo o qual, como no saber, o conceito se desenvolve a partir de si mesmo e é apenas um avançar e um trazer à tona *imanentes* suas determinações – avanço que não ocorre pela afirmação de que *haveria* diferentes relações e, logo, pela *aplicação* do universal a tal matéria tomada do exterior. O princípio motor do conceito, enquanto não apenas dissolve as particularizações do universal, mas as traz à tona também, chamo de *dialética*. – Dialética, pois, não no sentido em que ela dissolve, confunde e leva aqui e acolá um objeto dado, uma proposição etc., ao sentimento, à consciência imediata em geral e só tem a ver com o produzir seu contrário –. [...] Ela pode então considerar como seu último resultado o contrário de uma representação ou bem decidir, à maneira do ceticismo antigo, da contradição dessa representação, ou bem, de uma maneira mais fraca, de uma *aproximação* à verdade [...] Esta dialética não é então o fazer *exterior* de um pensamento subjetivo, mas a *própria alma* do conteúdo, que faz brotar seus ramos e frutos. [...] Considerar algo racionalmente não consiste em trazer do exterior uma razão ao objeto e em elaborá-lo desta maneira, porém o objeto é para si mesmo racional. Aqui, é o espírito, em sua liberdade, o mais alto cume da razão consciente de si, que se dá efetividade e se produz como mundo existente. O saber tem somente a função de trazer à consciência este trabalho próprio da razão da coisa" (HEGEL apud ROSENFIELD, 2002, p. 69-70).

logia de encontro entre os homens e o espírito absoluto. Haveria uma divisão da unidade original, agora iniciado o processo dialético, mas que tende a uma reunificação, a uma hipóstase teológica. O fim da história é a realização plena do espírito. Os acontecimentos não cessariam, mas a marcha do espírito encontraria sua plenitude. A verdade está no todo, enquanto o erro é a unilateralidade, a incompletude, a afirmação que não reconhece seu contrário. A marcha do espírito é dialética: afirmação, negação, síntese. Cada afirmação traz em si o germe de sua própria negação-superação. Por isso a história possui etapas. Cada etapa é a superação da precedente. Mesmo a natureza é dialética heraclitiana – "tudo flui". Uma árvore nega a semente justamente por ser sua realização, sua superação. A semente não pode continuar semente. Para se afirmar, ela tem de ser negada-superada. A dialética é o devir - o vir a ser.

Falamos aqui de método dialético. Entretanto, é bom que se observe que em Hegel a dialética não é, exatamente, um método, mas um movimento conjunto tanto da ideia quanto do real. Cada momento histórico é uma totalidade cujo estágio é superior ao anterior, mas que ainda é um devir mediante os problemas não resolvidos, seus conflitos e pendências, suas novas afirmações que trazem consigo as negações. É, enfim, uma dialética, ao final, de caráter metafísico, pois haveria um propósito por trás da realidade – a dialética que realiza o espírito absoluto.

A dialética hegeliana influiu bastante o pensamento de Marx, mas no pensamento marxista a dialética está entre os tópicos mais controversos.[65] Em contrapartida a Hegel, no marxismo a dialética aparece como método científico e fornece uma epistemologia ao pensamento marxista. Mas não só. Alvora como conjunto de princípios que governa a realidade. Ou seja, ela é ontológica. Compõe a totalidade do mundo real. E ela também é relacional, uma materialidade relacional que compõe o movimento histórico – a história como conflito social dialético, como luta de classes, com tese, antítese e síntese-superação.

---

65 Qual é a dívida de Marx em relação ao pensamento de Hegel, à dialética de Hegel? E qual o sentido em que o marxismo seria uma Ciência? Essas são questões bastante controvertidas entre os marxistas.

A contribuição de Engels teria sido decisiva para converter a dialética no método do materialismo histórico. Assim é que, no *Anti-Dühring*, Engels reabilita a dialética hegeliana articulando-a ao materialismo marxista – a dialética é uma concepção de mundo, um método de investigação, uma lógica superior à lógica formal![66] Há no lugar do idealismo hegeliano – no lugar da teleologia espiritual do espírito absoluto – um compromisso metodológico com a investigação empírica, cujas relações causais são dialéticas: a humanidade é historicamente emergente, desenvolve-se ao transformar a natureza, e ao fazê-lo, transforma a si mesma progredindo etapas da luta de classes, progredindo dialeticamente de um modo de produção a outro.

Na esteira da aplicação do método dialético, houve maior separação entre a esfera natural e social. A natureza ser dialética implicaria certa metafísica – como se a natureza tivesse um propósito, uma espécie de vontade inconsciente – que incomoda muitos marxistas, que procuram concentrar seus esforços metodológicos na práxis social, não na natureza. Ainda assim, o marxismo se tornou tão vasto e repleto de diferentes tendências internas que fica difícil tomarem o método dialético materialista como algo uno.[67]

---

66 "Já supõe uma total ausência de conhecimentos do que é a dialética, o fato de considerá-la o Sr. Dühring como um expediente meramente probatório, que é, aliás, o modo pelo qual as pessoas de horizonte limitado costumam usar a lógica formal ou as matemáticas elementares. A lógica formal também é, antes de mais nada e acima de tudo, um método de perscrutar novos resultados progressivos do conhecido ao desconhecido. Dá-se o mesmo, ainda com um sentido mais evidente, com a dialética que, além disso, rompendo os estreitos horizontes da lógica formal, representa, por si mesma, o germe de uma ampla concepção do mundo" (ENGELS, **Anti-Dühring**, Parte I, Capítulo XIII, on-line). Assim é que Engels tratava a dialética como natural-social, indistintamente, pois naturalizou a história. No tocante à defesa da lógica dialética contra a lógica formal de viés aristotélico, cf. LEFEBVRE, 1979.

67 A dialética foi aplicada de forma muito diversa por diferentes marxistas: Antonio Gramsci (1891-1937), Herbert Marcuse (1898-1979), Lucio Colletti (1924-2001), Walter Benjamin (1892-1940), Henri Lefebvre (1901-1991), Galvano Della Volpe (1895-1968), Louis Althusser (1918-1990), Mao Tse-Tung (1893-1976), Vladimir Ilitch Lenin (1870-1924), Josef Stálin (1878-1953), Leon Trótski (1879-1940), etc. A diversidade no interior do marxismo é bastante grande.

Marx usava frequentemente a dialética como sinônimo de método científico, tal como se vê no posfácio da 2ª edição do volume 1 de *O Capital*: "Meu método dialético [...] difere do método hegeliano, sendo a êle inteiramente oposto [...] Para mim [...] o ideal não é mais do que o material transposto para a cabeça do ser humano e por ela interpretado" (MARX, 1982, p. 16). Em Marx, já encontramos um método dialético que é naturalista, empírico, realista, portanto ontológico em um sentido bem específico – pois a essência das coisas, a lógica da coisa, o ser enquanto tal, seria o conflito dialético que gera crises socioeconômicas e contradições do pensamento, – e relacional – pois as relações históricas de produção possuem como prerrogativa o desenvolvimento da produção material, que é relacional-dialética, geradora de mudanças nas circunstâncias e relações.

Em uma passagem em que buscava uma generalização sintética, contida na introdução do *Grundrisse*, Marx dá pistas importantes de como aplicava seu método dialético ontológico-relacional:

> O resultado a que chegamos não é que produção, distribuição, troca e consumo são idênticos, mas que todos eles são membros de uma totalidade, diferenças dentro de uma unidade. A produção estende-se tanto para além de si mesma na determinação antitética da produção, como sobrepõe-se sobre os outros momentos. É a partir dela que o processo sempre recomeça. É autoevidente que a troca e o consumo não podem ser predominantes. Da mesma forma que a distribuição como distribuição dos produtos. No entanto, como distribuição dos agentes da produção, ela própria é um momento da produção. Uma produção determinada, portanto, determina um consumo, uma troca e uma distribuição determinados, bem como *relações determinadas desses diferentes momentos entre si*. A produção, por sua vez, certamente é também determinada, *em sua forma unilateral*, pelos outros momentos. P. ex., quando o mercado se expande, *i.e.*, a esfera da troca, a produção cresce em extensão e subdivide-se mais profundamente. Com

> mudança na distribuição, modifica-se a produção; p. ex., com a concentração do capital, com diferente distribuição da população entre cidade e campo etc. Finalmente, as necessidades de consumo determinam a produção. Há uma interação entre os diferentes momentos. Esse é o caso em qualquer todo orgânico. (MARX, 2011, p. 53, grifos do autor).

Na sequência dessa explicação do método dialético, a passagem acima tornar-se-á mais sintomática relativamente à forma como Marx o aplica. Com efeito, houve desdobramentos em diferentes direções no tocante ao uso desse método.

Embora haja um uso plural do método da dialética materialista, tentemos fazer uma sistematização. Um dos pressupostos do método é o de que tudo se relaciona em ações recíprocas. Há um complexo de relações entre coisas inacabadas, que estão em processo. Mesmo que tudo pareça estável, o "sólido desmancha no ar", como diriam Marx e Engels no *Manifesto do Partido Comunista* (1848). As mudanças na materialidade das relações afetam nossas ideias. Portanto, tanto as relações mudam quanto nossas ideias estão em constante devir. Haveria uma ação recíproca, uma interdependência entre as relações socioeconômicas e as ideias. Essas leis dialéticas já se encontravam em Marx e Engels, e Josef Stálin teria seguido essa ortodoxia (LAKATOS; MARCONI, 1991, p.75-76). Inicialmente, tal noção incluía o próprio mundo natural, enquanto parte importante do marxismo posterior separou natureza e sociedade, a bem da aplicação do método mais restritamente na interpretação da sociedade, não da natureza.[68]

---

68 O marxismo é bastante plural. No séc. XIX, seria mais difícil diferenciar enfaticamente a natureza e a sociedade. Era comum que ao se detectar leis de funcionamento da natureza, elas fossem estendidas à sociedade, ou de outro lado, ao se detectar as leis das dinâmicas sociais, estas fossem estendidas à natureza. Não apenas o marxismo fez esta fusão, como também o positivismo. A busca de objetividade, no séc. XIX incluía a fusão entre as dinâmicas social (sociedade) e natural (natureza). Para ser breve, o marxismo ortodoxo tendeu a manter essa fusão, enquanto algumas heterodoxias cindiram sociedade e natureza. Uma coisa é a luta de classes e o estudo dela (sociedade); outra é a lei da gravidade, as leis da física etc. (natureza). Na heterodoxia do marxismo autonomista, ou anarco-comunismo, por exemplo, teorias

Outro fundamento do método dialético é a "negação da negação", a mudança dialética. Todo movimento se baseia no fulcro dialético, pois toda afirmação não pode ocorrer sem seu germe de negação, trazido no seu ventre. Por que tal é uma negação da negação ao invés de mera negação? Porque se fosse mera negação, o resultado seria o retorno à afirmação primitiva, anterior à atual que está sendo negada.[69] Como é "negação da negação", trata-se de uma síntese, de uma nova afirmação, de um progresso, de uma superação. A síntese-superação é a negação tanto da tese quanto da antítese – é uma dupla negação que nos projeta a um momento superior dessas relações.

---

são assumidamente ideologias, assumidamente expressões de práticas sociais em relação conflituosa com outras práticas sociais (capitalistas, gestores, proletários). Só neste sentido as teorias-ideologias dizem a "verdade", não sendo, portanto, legítimo estabelecê-la como uma verdade social igualmente natural. Tomar como verdade natural o que é, no máximo, uma verdade ideológica relacional implica em uma eternização ideológica. Por que eternização? Porque leis naturais não mudam, e emprestam autoridade àquilo que é ideologia, tornando esta a expressão de uma verdade inquestionável como a lei da gravidade. Não apenas no marxismo essa cisão sociedade/natureza ocorreu. Temos ciências "naturais", "exatas", "biológicas", "humanas", "sociais". Mesmo assim, as coisas não estão tão bem resolvidas. Um cientista que estuda a natureza, não a sociedade, também pode naturalizar aquilo que não é natural, estendendo à sociedade o que seria natural. Na verdade, em geral, os cientistas tomam mais cuidados; ou deveriam tomar. Mas se prestarmos atenção, certas fusões continuam sendo eternizações ideológicas. E cito porque têm implicações na sociedade, e devem chamar a atenção dos cientistas, em especial, os sociais. Assim, determinado programa de televisão pode chamar de "tubarões" (esses seres tão naturais, e predadores) empresários bem-sucedidos, fundindo certa ideia de natureza predadora com a ação social do empresário de sucesso. Se a natureza é assim, quem seriam os críticos deste tipo de relação social "predadora" do "empreendedor"? Gente que não quer aceitar uma verdade "natural". Ora, não há qualquer verdade natural nisso: é desde a expressão mais básica, uma ideologia!

69 "Um homem não pode voltar a ser criança sem tornar-se infantil. Mas não o deleita a ingenuidade da criança, e não tem ele próprio novamente que aspirar a reproduzir a sua verdade em um nível superior? Não revive cada época, na natureza infantil, o seu próprio caráter em sua verdade natural? Por que a infância histórica da humanidade, ali onde revela-se de modo mais belo, não deveria exercer um eterno encanto como um estágio que não volta jamais? [...] Os gregos foram crianças normais. O encanto de sua arte, para nós, não está em contradição com o estágio social não desenvolvido em que cresceu. Ao contrário, é seu resultado e está indissoluvelmente ligado ao fato de que as condições sociais imaturas sob as quais nasceu, e somente das quais poderia nascer, não podem retornar jamais" (MARX, 2011, p. 63-64).

Imbricada no autodinamismo da dialética está a mudança qualitativa, a passagem da quantidade à qualidade. A mudança quantitativa é contínua, mas em algum momento, ocorreria uma mudança brusca, portanto qualitativa, já que a mudança quantitativa não pode ser indefinida. Passa-se de um estado para outro (LAKATOS; MARCONI, 1991, p. 77-78). Engels aplicava esse princípio para interpretar tanto a sociedade quanto a natureza. No anseio por um mundo novo que superasse a exploração capitalista, interessava aos comunistas (marxistas) pesquisar quais seriam as mudanças de quantidade suficientes para que atingíssemos uma mudança de qualidade-realidade: a superação, a sociedade comunista. Essa mudança seria brusca, radical, não contingente, e necessária.

Finalmente, consideremos o princípio da contradição. Ele se refere à identificação de qual seria o motor do autodinamismo dialético, o motor da mudança qualitativa. Ele reside na luta dos contrários, na luta entre o velho e o novo, ou seja, na contradição. A contradição é interna – porque tudo que é, é e não é aquilo que é ao mesmo tempo, já que internamente, em si, reside o conflito dialético do devir, ou nunca se transformaria –,é inovadora – porque é uma luta entre o velho e o novo, o que morre e o que nasce, havendo uma promessa de vitória do novo – e é unidade dos contrários – porque embora os opostos se excluam, eles se ligam em uma unidade de relação e um não faria sentido sem o outro (LAKATOS; MARCONI, 1991, p.78-79).

Críticas foram levantadas contra a pretensão científica do método dialético. É difícil provar cientificamente o princípio da contradição, que tende a fugir da falseabilidade popperiana[70], por exemplo. A interpenetração dos contrários seria um fundamento real? Se algo só existe na sua relação necessária com seu contrário, um dos polos não existiria como fenômeno real. E aí começam algumas dificuldades.

---

70 Lembremos que Popper considerava o marxismo, que é baseado na dialética, uma pseudo-ciência.

Existem alguns problemas lógicos no tocante ao autodinamismo dialético, ao menos se usarmos a lógica formal.[71] Haveria dois polos de oposição em atividade em uma realidade concreta, mas a fonte básica do movimento não reside em nenhum dos dois; então qual a origem do que veio trazer o movimento? Não haveria como explicar. Por outro ângulo, se cada polo possui em si o movimento, qual seria e como uma fonte externa o afetaria? Finalmente, ao menos na natureza, a mudança qualitativa não é como a dialética propõe. A água que muda de estado por conta de quantidade de calor não deixa de ser água, não passa a ser outra coisa (LAKATOS; MARCONI, 1991, p. 80). A resposta do método é que se trata de questões relacionais mesmo. Concluiria essa questão dizendo que tanto o racionalismo quanto o empirismo criaram uma espécie de tradição de má vontade com a dialética, mas o assunto vai além de nosso propósito. A dialética não é só outro método. É também outra lógica. Mais do que isso: todo método é uma maneira de organizar a lógica a ser prosseguida.

Até aqui falamos dos métodos indutivo, dedutivo, hipotético-dedutivo e dialético, basicamente. Há ainda um conjunto de questões que temos de observar para refletirmos sobre os métodos. Comumente a Ciência realiza asserções acerca de "entidades inobserváveis", digamos assim, ou de observação muito parcial, indireta e difícil, que parecem dificultar qualquer conhecimento sólido e dão margem a conjecturas especulativas: ondas de rádio, a força impressionante no interior do núcleo do átomo, elétrons, vírus, estruturas moleculares, DNA, partículas subatômicas, bóson de Higgs, força gravitacional, quarks, mecânica quântica, universo múltiplo… Estamos sempre diante da possibilidade do inesperado por conta deste problema: como saber solidamente sobre o inobservável?

Se existe o problema da indução, que advém do fato de serem feitas asserções gerais – dizendo ou não respeito às coisas inobserváveis – que podem ser negadas a qualquer momento mediante uma exceção à regra, o *problema da inobservabilidade* é um tanto distinto. Ele se deve a nossa

---

71 Na verdade, há muitas lógicas, não apenas a lógica formal ou aristotélica.

falta de acesso sensível ao objeto. Em virtude disso, existem basicamente dois tipos de respostas ao problema da inobservabilidade.[72]

Existem aqueles cientistas que defendem que as provas indiretas são suficientes, a ponto de tornarem possíveis relatos unificados e consistentes da realidade.[73] A "teoria de tudo"[74] seria um argumento a favor dessa visão realista da realidade, ao confirmar que a prática científica leva a relatos unificados, só possíveis porque as descrições da realidade são verdadeiras, mesmo que com base em provas indiretas.

Em contrapartida, há aqueles cientistas que mantêm maior ceticismo quanto à possibilidade de um conhecimento sólido. Poderíamos no máximo, construir instrumentos úteis que permitam gerar predições, simplificar cálculos, mas que não coincidem com a verdade mais profunda que se pretendia. Os cientistas desenvolveriam técnicas simplificadoras e métodos que se mostram capazes de gerar respostas certas para certo tipo de problema com o qual lidam.[75]

A bem da verdade, a separação entre o observável e o não observável não é tão tranquila. É uma circunscrição móvel. A observabilidade é também dependente de pressupostos, de maneira que as assertivas sobre fenômenos observáveis também podem representar problema. Sempre observamos os fenômenos através de certos prismas paradigmáticos, certas epistemes. O cientista como testemunha não resolve

---

72 Sobre o problema da inobservabilidade e sobre as altercações entre realistas e instrumentalistas, cf. PAPINEAU, 2007.

73 Pode-se encontrar em John Smart (1963) uma boa exposição dos argumentos realistas para resolver o problema da inobservabilidade. Fazemos predições com base na confiança que adquirimos nas teorias, ainda que essas sejam credenciadas por observações indiretas do objeto.

74 A "teoria de tudo" sugere que haveria uma unidade entre as forças físicas fundamentais, uma "superforça", que aglutinaria a gravidade, o eletromagnetismo, e as forças nucleares forte e fraca. Logo após o Big Bang, em temperaturas absolutamente altas, essas forças teriam sido unificadas. Há teorias candidatas a se tornarem a "teoria de tudo", como é o caso da teoria das cordas (esta tem sido crescentemente criticada), bastante criticada pelo físico Sheldon Glashow (1932-). A teoria de tudo ainda carece de provas, embora seja perseguida.

75 Pode-se encontrar essa perspectiva "instrumentalista" em Nancy Cartwright (1983), por exemplo. As teorias seriam "simulacros" que não descreveriam a realidade, e sim objetos idealizados em modelos.

certa tensão na produção do conhecimento científico. Ele não deixa de ser uma testemunha. E testemunhas veem a verdade? É verdade porque eu vi, porque eu observei?[76]

Notadamente, a maioria dos cientistas se contenta com as provas indiretas vindas de fatos observáveis como suficientes para autorizarem teorias. Mas certo ceticismo se repõe. Se há uma teoria que se ajusta aos fatos observáveis, mas que também diz respeito aos inobserváveis, outra teoria incompatível com esta também pode se ajustar, impossibilitando que saibamos qual teoria é verdadeira. A evidência não é suficiente para validar uma teoria contra outra teoria diferente, porém igualmente ajustável à evidência.

De maneira avassaladora, Willard van Orman Quine[77] (2011, p. 37-71) teria mostrado como uma tese pode ser defendida por observações contrárias, ajustando-se às hipóteses auxiliares que sustentariam essa tese. Esse problema torna possível inclusive que o cientista não mude de posição perante novas evidências. Quine ataca os dois "dogmas" fundamentais do empirismo: a dicotomia entre o analítico e o sintético, e o reducionismo. Para este filósofo, não haveria dicotomia entre verdades analíticas – significados independentes de questões de fato, que não precisam recorrer à observação – e sintéticas, que seriam fundadas em fatos, no empírico. E igualmente, não haveria a pretendida (e reducionista) equivalência entre enunciado significativo e experiência imediata (os dados de observação) (QUINE, 2011, p. 37). Em outras palavras, sintetizando, os termos teóricos não podem passar isoladamente pelo controle da experiência. Não é bem isso o que ocorre, porque é o todo do conhecimento que é submetido ao controle da experiência em cada prova científica, tornando impossível a repartição da significação

---

76 A esse propósito cf. Arondel-Rohaut (2005, p. 33-44). Ressalta essa autora: "'É verdade porque eu vi!' constitui o enunciado que, mesmo não resolvendo nada como pretende, revela o conhecimento como tensão em busca de transcender o abismo que ele mesmo cava entre o homem e o mundo, abismo que, agindo no mais profundo de seu ser, abre o homem para o infinito" (ARONDEL-ROHAUT, 2005, p. 44).

77 Viveu entre 1908 e 2000. Estadunidense, matemático, lógico, filósofo, tido como um dos principais pensadores do séc. XX.

empírica. Vítimas desses dogmas, os cientistas realizam distribuições imprecisas do saber em diferentes teorias. Quine sustenta, contra o reducionismo empirista, que a unidade da significação é o todo do conhecimento. Em consequência disso, quando os movimentos anômalos de Mercúrio só então observados desafiaram a teoria de Newton, esta poderia ajustar hipóteses auxiliares para se defender: haveria um planeta ainda não observado ou o Sol poderia ter uma distribuição heterogênea de sua massa. Quine não dá essa chance ao empirismo, pois qualifica como dogma o reducionismo que reparte a significação empírica. A relação entre teoria e prova empírica é, afinal, tensa, nada tranquila. Os realismos são ingênuos.

Outro problema que se impõe no tocante aos dados observacionais e inobservacionais, e o quanto isso pode não ser suficiente para confirmar uma teoria, refere-se a uma crítica ao princípio da Navalha de Ockham[78] que assevera: *"entia non sunt: multiplicanda praeter necessitatem"* – "não se deve multiplicar os entes existentes para além do necessário". Contrariamente a este princípio, mesmo que em uma teoria suas predições sejam todas bastante irrepreensíveis, poderia haver algo inobservável que levasse à nova teoria, embora as consequências fossem as mesmas relativamente à velha teoria. O mecanismo inobservável é multiplicável, o que contraria o princípio do corte da navalha. Em outras palavras, mais de uma teoria acerca de fenômenos não observáveis podem se ajustar a certo conjunto de dados observáveis. Ao mesmo tempo, pode haver entidades desnecessárias, a ponto de a navalha de Ockham ter sim sua importância.

Olhando sob uma perspectiva popperiana, ainda teremos problemas de insuficiência para a confirmação de uma ou outra teoria, haja vista que as teorias ainda não refutadas estariam no mesmo patamar, contanto que sejam condizentes com a evidência até então observada. Não ha-

---

78 Guilherme de Ockham (1300-1349) foi um filósofo franciscano inglês, representante do nominalismo, comentador dos tratados de lógica de Aristóteles. Autor de *Summa Logicae* e também de obras de Filosofia política, chegou a ser perseguido, acusado de heresia durante o papado de João XXII.

veria base para escolher a melhor, a mais adequada. Em contrapartida, algumas teorias, ainda que insuficientemente confirmadas, possuem mais provas que outras.

Popper estaria preocupado com a demarcação científica. A Ciência é diferente de outras conjecturas por ser baseada no refutável, enquanto que a astrologia, a religião, o marxismo, a psicanálise etc., não se colocariam à disposição da refutação. Mas ao contrário disso, até a física newtoniana, que foi um paradigma científico importantíssimo, não se dispôs ao falseável imediatamente, porque é sempre possível ajustar as hipóteses auxiliares para tentar sustentar uma teoria. Mais uma vez, confirma-se a importância do método indutivo: a prova observacional deve fornecer bases indutivas e racionais para que se considere uma teoria científica ou não. Não significa que o "problema da indução" deixe de existir, mas que ainda assim a indução é importante.

Mas, novamente, uma dificuldade: se as teorias científicas do passado mostraram-se falsas, as do presente também são. Questão de tempo! Todavia, mais precisamente, a frequência na derrubada de teorias varia conforme as diferentes áreas da Ciência. Há áreas cuja renovação teórica é muito mais intensa que em outras, cujas teorias permanecem. Em algumas áreas há mais indícios, fontes de pesquisa, que incitam a renovação teórica que em outras. Onde há provas adequadas mais disponíveis, pode haver conclusões mais sólidas, teorias que tenderão a permanecer. Nem toda teoria desemboca no refutável, enquanto há teorias também científicas que não possuem provas adequadas, cabendo neste último caso, certo instrumentalismo ao invés de realismo (PAPINEAU, 2007, p. 322).

Compondo nossas preocupações em alicerçar um conhecimento de fato científico que inclua devidamente o "inobservável", a ideia de causalidade foi também foco de bastante discussão epistemológica. Trata-se de uma longa contenda, de difícil consenso, mas que aqui bastaria referir à diligência moderna que David Hume[79] fez sobre a causalidade.

---

79 David Hume (1711-1776), escocês, foi filósofo e historiador. Acusado de ateísmo, não pôde assumir uma cadeira de Filosofia em Edimburgo, capital da Escócia, em 1744. Foi biblio-

Tentando superar as ingenuidades e certo senso comum que contaminava a Ciência, Hume critica a ideia de que A causaria B, porque nos permaneceria um mistério o que estaria no ponto intermediário entre A e B, e que provavelmente nos baseamos em certas expectativas relativamente ao que se seguiria a A (B, portanto). Afinal, da "causa" ao "efeito" (entre A e B) não se pode de forma alguma realizar qualquer percepção ou demonstração (é inobservável), senão um fundamento na experiência, no hábito que nos traz expectativa, como o sol que nascerá amanhã (HUME, 1989, 3ª Seção). Diante do problema, Hume preferia substituir causalidade por "conjunção constante". "A" ocorre regularmente associada a "B". Porém, haveria leis causais que não se confundem com "regularidades acidentais", e seria uma relação simétrica entre A e B que não permite saber quem causa quem.

Para resolver tais limites, Carl Hempel[80] preferiu propor, inicialmente junto com Paul Oppenheim[81], a *explanação* como modelo preciso de explicação científica em 1948 com o texto *"Studies in the Logic of Explanation"*[82]. Posteriormente, Hempel (1965) assumiu a tarefa na obra *"Aspects of Scientific Explanation"*. Podemos chamar essa proposta de modelo nomológico-dedutivo ou modelo legalista de explanação. Nele haveria uma disposição das explicações científicas, que por sua vez seguiriam um conjunto de proposições. As proposições possuem diferentes graus de generalidade, porém numa ordem hierárquica. O cientista precisaria ordenar as proposições de tal maneira que permitissem a

---

tecário, secretário de embaixada na França e Subsecretário de Estado na Inglaterra, mas regressou a Edimburgo, onde permaneceria até a morte. Sua Filosofia é caracterizada pelo fenomenismo – que nega a existência de qualquer substância que ampare o sentido das coisas – e pelo ceticismo.

80 Carl Gustav Hempel (1905-1997), alemão, era matemático, físico e filósofo. Associou-se ao Círculo de Viena – filósofos que de maneira informal se juntaram na Universidade de Viena entre 1922 e 1936, cujo interesse era revisar o empirismo sob a luz de novas descobertas científicas e combater as "falsidades" metafísicas, a bem de uma depuração da Ciência.

81 Paul Oppenheim (1885-1977), alemão, era químico e filósofo. Também foi um industrial (indústria química). Foi amigo de Albert Einstein. Ajudou cientistas a fugirem do nazismo. É considerado cofundador do modelo nomológico-dedutivo.

82 Texto apresentado na Revista *Philosophy of Science*, que é uma publicação da Universidade de Chicago (EUA).

dedução. Assim, o *explanandum* – que é uma proposição – é explicado pelo *explanans* – outra proposição – sob a condição de que o *explanans* contenha uma lei ou mais que possibilite que o *explanandum* seja deduzido dos *explanans*.

Esquematicamente (HEMPEL; OPPENHEIM, 1948, p. 138):

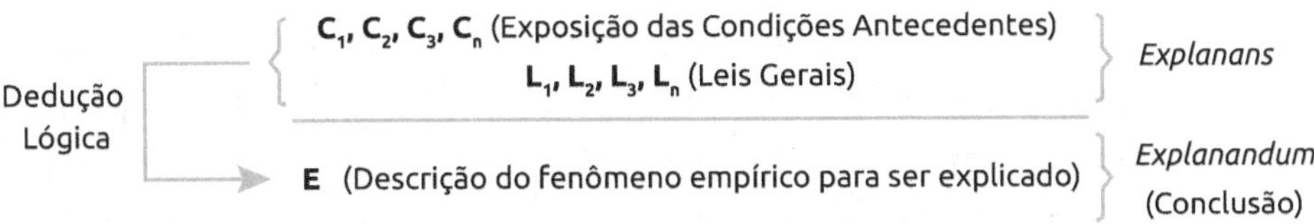

Queremos saber, por exemplo, se somos os principais responsáveis pelo aquecimento global. Então, precisamos dispor os *explanans* de tal maneira que aquela pergunta inicial seja uma conclusão dedutível (*explanandum*). Deverá ser uma conclusão científica. Dará uma resposta satisfatória à fronteira variável do que é observável e inobservável. Passamos a reunir proposições e condições antecedentes que permitam que o problema inicial apareça como conclusão. Isso só ocorrerá se for uma dedução lógica (*Explanandum*) dos *explanans*.

Temos que:

- L_1 = o CO_2 retém calor do Sol na atmosfera terrestre, assim como o vapor d'água e o ozônio.
- C_1 = concentração de CO_2 na atmosfera tem aumentado com consumo humano dos combustíveis fósseis.[83]
- C_2 = temperatura média da Terra aumentou em 0,5°C entre os anos de 1890 e 1935.[84]

---

83 Charles Keeling (da Pensilvânia) teria demonstrado a elevação dos níveis de CO_2 na atmosfera. O químico sueco, Svante Arrhenius, já tinha sugerido em 1903 que o dióxido de carbono que estava sendo liberado pela queima de combustível fóssil estaria ocasionando aquecimento global.

84 Se contarmos com a pesquisa do engenheiro britânico Guy Callendar, que em 1938 teria mostrado esse aumento de meio grau.

- C_3 = na maior parte do tempo, desde 9000 a.C., concentração do volume de CO_2 foi de 275 a 285 ppm (partes por milhão).[85]
- C_4 = 315 ppm em 1958.[86]
- C_5 = 400 ppm em 2013.[87]
- C_6 = Taxa anual de aumento de volume de CO_2 na atmosfera é próxima daquela observada em relação aos combustíveis fósseis.
- E (*Explanandum*, conclusão, dedução lógica) = a temperatura da Terra está subindo e os seres humanos são pelo menos parte da causa, mesmo que não sejamos os principais responsáveis pelo aquecimento global (o planeta já apontaria isso por si mesmo), por conta do consumo humano dos combustíveis fósseis.

De posse das Leis Gerais e dadas as condições antecedentes, iniciais, podemos predizer "E" antes que aconteça. O mesmo modelo pôde evoluir com a inclusão da probabilidade estatística, melhorando as chances de uma predição ser mais precisa.

Depois de tudo, ainda que tenhamos uma dedução com *status* científico, os problemas não cessam. Há quem possa discordar dos métodos usados para se alcançar determinados *explanans*, como as "condições antecedentes", já que das leis gerais (também *explanans*) é bem mais difícil discordar. Há também potenciais implicações ideológicas em um *Explanandum* que irão incomodar filósofos, cientistas sociais, historiadores. Do ponto de vista de quem está atento aos conflitos sociais, no exemplo dado, o do aquecimento global, nascem críticas à postura ecologista que pretende refreá-lo. Os trabalhadores não controlam a produção; com o movimento ecológico sequer poderiam gerir o próprio consumo, diminuída ainda mais sua autonomia em termos de consumo, constrangidos a custarem mais baratos, a aceitarem a reedição das formas mais retrógradas e vis de trabalho assalariado e semiassalariado, em regimes de redução de produtividade, os quais desacelerariam

---

85 Segundo pesquisas feitas em bolhas de ar presas no gelo polar.

86 Pesquisa realizada por Charles Keeling.

87 Pesquisa também realizada por Charles Keeling.

o aquecimento global. Seria uma maneira de legitimar a autodesvalorização passiva dos trabalhadores, favorecendo certas lentidões próprias das reestruturações produtivas do capital:

> O objetivo da corrente ecológica consiste em descobrir uma maneira de ultrapassar a crise da produtividade, mantendo-se porém no quadro das relações básicas que definem o capitalismo. Por isso não coloca os verdadeiros problemas de fundo e absolutiza a crise da produtividade, pretendendo encontrar-lhe a origem nas relações entre a totalidade do sistema económico e a natureza. A ecologia veio dar assim nova vida ao mito do 'esgotamento da natureza' (BERNARDO, 1979, p. 167).

É o caso, portanto, de o cientista duvidar de si mesmo, antes de qualquer outro fazer isso, embora não deva duvidar de sua honestidade intelectual, pressuposto para que duvide de forma justa e devida.

Em virtude de tudo que foi considerado, os métodos são procedimentos desenvolvidos para que se tente dar conta tanto do observável quanto das "entidades inobserváveis", ao menos de uma maneira considerada suficiente em um determinado contexto. Daí sua importância para o desenvolvimento do conhecimento científico, verdadeiro, ainda que sempre inconclusivo, tenso, propositivo e refutável.

Conclusão

Popper insistiu que a Ciência é baseada no refutável; Kuhn, no programa positivo de um paradigma até este chegar ao seu limite. Proponho, para concluir, que a Ciência, entre outras coisas, é a tomada de consciência da nossa orfandade. Mas ela não é tão ruim. É possível seguir em frente e sermos nossos próprios pais, assumirmos isso: que se trata sempre do humano. Toda Ciência é humana. É o avançar até o ponto em que novamente nos deparamos com nosso limite, com nossas medidas, e é um limite de abismo, pois nos mostra que o anterior também não estava tão correto assim. Talvez haja algo ainda mais grave: para fugir da indeterminação, procuramos certo padrão na Ciência. Por que procurar um padrão? Porque a inteligência em geral, e a Ciência em particular, só se efetiva quando constrói modelos. Provisórios, certamente, mas sempre modelos. É impossível uma visão direta do real (este real é já uma palavra de nossa mediação com aquilo que entendemos por "real", do qual não conseguimos uma "visão direta"); nós construímos modelos. Eles são nossos.

Ocorre, não obstante, que

> [...] a inteligência está diretamente relacionada à nossa capacidade para inventar e operar modelos. Modelos nos permitem simular o que deverá acontecer sob certas condições. Com seu auxí-

lio, *simulamos* situações sem que elas jamais aconteçam. Isso nos permite ajustar o comportamento ou para evitar ou para provocar determinado futuro. Os modelos economizam o corpo (ALVES, 2012, p. 69, grifo do autor).

Então, são bastante válidas algumas advertências:

> O que os cientistas fazem em seus laboratórios (o que nós mesmos fazemos) não é certamente, como quer o cientismo vulgar, descobrir fenômenos que desde sempre estavam lá à sua espera. Eles constroem símbolos a partir de certos materiais. E a relação entre os símbolos e a realidade que buscam exprimir não é nem totalmente aleatória, nem totalmente arbitrária. A questão certamente não é saber se o 'vírus' existe lá antes de qualquer olhar curioso, mas se, a partir do momento em que ele se transforma em símbolo da doença com a qual ele foi construído, ele tem poder explicativo e é eficiente para orientar uma intervenção eficaz. Ele é um artefato biológico, foi feito pelos cientistas como todos os outros artefatos humanos, da roda ao computador. (CARRARA, 1994, p. 43).

Assumi a prerrogativa de escrever da forma como fiz, com várias notas longas. Gostaria, especificamente no caso deste livro, de deixar junto com o prédio seus andaimes, deixar junto com o achado arqueológico, a poeira. Tal como quero educar para a Ciência, e discutir Ciência com quem já a pratica, julguei que seria melhor fazer coincidir forma e conteúdo. A maneira como escrevi este livro é a maneira como investigo os temas: usando o repertório da produção científica e filosófica ao longo de sua história, sem esconder as controvérsias e minhas próprias dúvidas; recorrendo à bibliografia, aos étimos, aos sentidos, à intersubjetividade, aos discursos, às pesquisas, aos limites da consciência, tanto quanto posso e me reconhecendo órfão tantas vezes; usando métodos que iluminam e ao mesmo tempo podem obscurecer. Tentei ser meu melhor inimigo, como aconselharia Popper, em tudo o que escrevi, testando-me naquilo que produzia. Em alguns momentos provoquei, porque não cabe a arrogância do mero carreirismo quando a tarefa científica pode ser a de melhorar a condição humana, especialmente quando apesar dos discursos pedagógicos oficiais, vemos que a esmagadora maioria da população ainda carece de escolas e faculdades que cultivem adequadamente o conhecimento científico e filosófico – população essa que, infelizmente, e não por acaso, mas por questões políticas, ainda não pôde descobrir o quão libertadores podem ser tais conhecimentos. Recebem "bonecos" de conhecimento, pretensos atalhos, engodos, esvaziamentos adornados e envernizados pela pedagogia da propaganda. Conhecer implica ser capaz de conhecer, e isso pode ser perigoso para aqueles que nos querem miseráveis.

Referências

ALVES, Rubem. **Filosofia da ciência**. Introdução ao jogo e a suas regras. 17 ed. São Paulo: Loyola, 2012.

ARAÚJO, Alceu Maynard. **Cultura popular brasileira**. 2 ed. São Paulo: Martins Fontes, 2007.

ARONDEL-ROHAUT, Madeleine. **Exercícios filosóficos**. 2 ed. Trad. Paulo Neves. São Paulo: Martins Fontes, 2005.

ASSOCIAÇÃO BRASILEIRA DE NORMAS TÉCNICAS. **NBR 14.724**: informação e documentação – trabalhos acadêmicos – apresentação. 3 ed. Rio de Janeiro: 2011.

BERNARDO, João. **Dialéctica da prática e da ideologia**. São Paulo: Cortez Editora; Porto [Portugal]: Edições Afrontamento, 1991. Colecção Histórias e Ideias.

BERNARDO, João. **O inimigo oculto**: ensaio sobre a luta de classes. Manifesto anti-ecológico. Porto: Edições Afrontamento, 1979.

BÍBLIA DE JERUSALÉM. 10 reimpressão. São Paulo: Paulus, 2015.

BRECHT, Bertolt. **Galileo Galilei**. Trad. Oswald Bayer. Buenos Aires: Ediciones Losange, 1956.

BRUNO, Giordano. **Sobre o infinito, o universo e os mundos**. GALILEI, Galileu. **O ensaiador**. CAMPANELLA, Tommaso. **A cidade do sol**. Trad. Helda Barraco, Nestor Deola e Aristides Lôbo. 2 ed. São Paulo: Abril Cultural, 1978. Coleção Os Pensadores.

CARRARA, Sérgio. Entre cientistas e bruxos – ensaios sobre dilemas e perspectivas da análise antropológica da doença. In: ALVES, P. C., MINAYO, M. C. de S. **Saúde e doença**: um olhar antropológico. Rio de Janeiro: Fiocruz, 1994. p. 33-45.

CARTWRIGHT, Nancy. **How the laws of Physics lie**. Oxford: Oxford University Press, 1983.

CHAUÍ, Marilena. **Cultura e democracia**: o discurso competente e outras falas. São Paulo: Moderna, 1981.

CHEVALIER, Jean; GHEERBRANT, Alain. **Dicionário de símbolos**: mitos, sonhos, costumes, gestos, formas, figuras, cores, números. Trad. Vera da Costa e Silva et al. 26 ed. Rio de Janeiro: José Olympio, 2012.

CUNHA, Antônio Geraldo da. **Dicionário etimológico da língua portuguesa**. 4 ed. Rio de Janeiro: Lexikon, 2010.

DICIONÁRIO DE LATIM-PORTUGUÊS, PORTUGUÊS-LATIM. Dicionários Acadêmicos. Porto: Porto Editora, 2012

ENGELS, Friederich. **Anti-Dühring**. 1878. Disponível em: <https://www.marxists.org/portugues/marx/1877/antiduhring/index.htm> . Acesso em: 29 jul. 2015.

FERREIRA, Aurélio Buarque de Holanda. **Novo Aurélio século XXI**: o dicionário da língua portuguesa. 3 ed. rev. amp. Rio de Janeiro: Nova Fronteira, 1999.

FOUCAULT, Michel. **A arqueologia do saber**. 6 ed. Trad. Luiz Felipe Baeta Neves. Rio de Janeiro: Forense Universitária, 2002.

HABERMAS, Jürgen. **Teoria do agir comunicativo**. 2 vol. Trad. Paulo Astor Soethe. São Paulo: Martins Fontes, 2012.

HEGEL, George Wilhelm Friedrich. **Fenomenologia do espírito**. Petrópolis-RJ: Vozes, 1992.

HEMPEL, Carl. **Aspects of Scientific Explanation**. New York: Free Press, 1965.

HEMPEL, Carl; OPPENHEIM, Paul. Studies in the Logic of Explanation. **Philosophy of Science**. Chicago, v. 15, n. 2, p.135-175, Apr. 1948.

HUME, David. **Investigação sobre o entendimento humano**. Lisboa: Edições 70, 1989.

INOVAÇÃO TECNOLÓGICA. Descoberta sobre sinais do Big Bang é contestada. 23 jun. 2014. On-line. Disponível em <www.inovacaotecnologica.com.br/noticias/noticia.php?artigo=descoberta-sobre-sinais-big-bang-contestada>. Capturado em 15 ago. 2014.

INOVAÇÃO TECNOLÓGICA. Detecção de ondas gravitacionais reforça teoria do Big Bang. 18 mar. 2014. On-line. Disponível em <www.inovacaotecnologica.com.br/noticias/noticia.php?artigo=deteccao-ondas-gravitacionais--reforca-teoria-big-bang>. Acesso em: 19 mar. 2014.

INOVAÇÃO TECNOLÓGICA. Teólogo medieval antecipou teoria cosmológica atual. 21 mar. 2014. Disponível em: <www.inovacaotecnologica.com.br/noticias/noticia.php?artigo=teologo-medieval-antecipou-teoria-cosmologica-atual>. Acesso em: 24 jul. 2014.

JANSON, Horst Waldemar. **História da arte**. Trad. J. A. Ferreira de Almeida et al. 5 ed. São Paulo: Martins Fontes, 1992.

KANT, Immanuel. **Crítica da Faculdade do juízo**. Trad. Valerio Rohden e António Marques. 2 ed. Rio de Janeiro: Forense Universitária, 2002.

KUHN, Thomas S. **A estrutura das revoluções científicas**. 7 ed. São Paulo: Perspectiva, 2003.

LAKATOS, Eva Maria; MARCONI, Marina de Andrade. **Metodologia científica**. 2 ed. São Paulo: Atlas, 1991.

LAKATOS, Imry; MUSGRAVE, Alan. **A crítica e o desenvolvimento do conhecimento**. São Paulo: Edusp, 1979.

LEFEBVRE, Henri. **Lógica formal, lógica dialética**. Rio de Janeiro: Civilização Brasileira, 1979.

LEIBNIZ, Gottfried Wilhelm. **Discurso de metafísica**. Trad. Gil Pinheiro. São Paulo: Martin Claret, 2009.

LEWIS, Clive Staples. **Cristianismo puro e simples**. 3 ed. Trad. Álvaro Oppermann e Marcelo Brandão Cipolla. São Paulo: Editora WMF Martins Fontes, 2009.

LÓTMAN, I. M.; USPENSKII, B; IVANÓV, V. **Ensaios de Semiótica Soviética**. Lisboa: Livros Horizonte, 1981.

MANIATOGLOU, Maria da Piedade Faria. **Dicionário de grego-português**. Porto: Porto Editora, 2010.

MARTINS, Roberto de Andrade & SILVA, Ana Paula Bispo da. Voltaire, Maupertuis e o debate sobre o princípio de ação mínima no século XVIII: aspectos científicos e extracientíficos. **Filosofia Unisinos**, São Leopoldo-RS, v. 8, n. 2, p.146-169, 2007.

MARX, Karl; ENGELS, Friedrich. **A ideologia alemã**. 2 ed. Trad. Luis Claudio de Castro e Costa. São Paulo: Martins Fontes, 2001 (Anexo do livro – Teses sobre Feurbach).

MARX, Karl. **Grundrisse**: manuscritos econômicos de 1857-1858: esboços da crítica da economia política. Trad. Mario Duayer, Nélio Schneider. São Paulo: Boitempo; Rio de Janeiro: Ed. UFRJ, 2011.

MARX, Karl. **O capital**: crítica da economia política. 8 ed. Trad. Reginaldo Sant'Anna. São Paulo: Difel, 1982, Livro 1 – O processo de produção do capital, vol. 1.

MATALLO JR., Heitor. A explicação científica. In: CARVALHO, Maria Ceclília Maringoni de. (org.). **Construindo o saber** – metodologia científica: fundamentos e técnicas. 2 ed. Campinas-SP, Papirus, 1989. p. 39-62.

MATALLO JR., Heitor. A problemática do conhecimento. In: CARVALHO, Maria Ceclília Maringoni de. (org.). **Construindo o saber** – metodologia científica: fundamentos e técnicas. 2 ed. Campinas-SP, Papirus, 1989. p. 13-28.

MEZZAROBA, Orides; MONTEIRO, Cláudia Servilha. **Manual de metodologia da pesquisa no Direito**. 4 ed. rev. e atual. São Paulo: Saraiva, 2008.

NIETZSCHE, Friedrich Wilhelm. **Sobre verdade e mentira**. Org. e trad. Fernando de Moraes Barros. São Paulo: Hedra, 2007.

OLIVEIRA NETTO, Alvim Antônio de. **Metodologia da pesquisa científica**: guia prático para apresentação de trabalhos acadêmicos. 3 ed. Florianópolis: Visual Books, 2008.

PAPINEAU, David. Filosofia da ciência. In: BUNNIN, Nicholas; TSUI-JAMES, E. P. (org.). **Compêndio de Filosofia**. 2 ed. Trad. Luiz Paulo Rouanet. São Paulo: Loyola, 2007. p. 305-337.

PENA, Sérgio Danilo. Thomas Bayes: o 'cara'! **Ciência Hoje**. Rio de Janeiro, v. 38, n. 228, p. 22-29, jul. 2006, Filosofia da Ciência.

PLATÃO. **Mênon**. Trad. Maura Iglésias. Rio de Janeiro: Ed. PUC-Rio; Loyola, 2001 (Biblioteca Antiqua).

POPPER, Karl. **A lógica da pesquisa científica**. São Paulo: Cultrix, 1975.

QUINE, Willard Van Orman. Dois dogmas do empirismo. In: ______. **De um ponto de vista lógico**: nove ensaios lógico-filosóficos. São Paulo: Editora Unesp, 2011. p. 37-71.

ROSENFIELD, Denis Lerrer. **Hegel**. Rio de Janeiro: Jorge Zahar, 2002.

SCLIAR, Moacyr. **Judaísmo**: dispersão e unidade. São Paulo: Ática, 2001.

SMART, John Jamieson Carswell. **Philosophy and Scientific Realism**. London: Routledge & Kegan Paul, 1963.

SMITH, Plínio Junqueira (org.). **Dez provas da existência de Deus**. Seleção, introdução e tradução de Plínio Junqueira Smith. São Paulo: Alameda, 2006.

TACHIZAWA, Takeshy; MENDES, Gildásio. **Como fazer monografia na prática**. 7 ed. rev. atual. Rio de Janeiro: Editora FGV, 2003.

TARSKI, Alfred. The semantic conception of truth and the foundation of semantics. **Philosophy and Phenomenological Research**, v. 4, p. 341-375, 1944.

TOSI, Renzo. **Dicionário de sentenças latinas e gregas**. Trad. Ivone Castilho Benedetti. São Paulo: Martins Fontes, 2000.

VEYNE, Paul. **Os gregos acreditavam em seus mitos?** Ensaio sobre a imaginação constituinte. São Paulo: Editora Unesp, 2014.

ZILLES, Urbano. **Teoria do conhecimento e teoria da ciência**. São Paulo: Paulus, 2005.